Coordination scientifique et rédaction: Sergio Purin

Réalisation et édition: Imschoot, uitgevers

Composition et impression: Imprimerie Joz. Imschoot, Gent
(Mise en pages: Marie-Anne Devolder)

ISBN 90-72191-26-9
D / 1990 / 5.039 / 15

INCA - PERÚ

3000 ANS D'HISTOIRE

Musées royaux d'Art et d'Histoire
Bruxelles
21.9 - 30.12.1990

Imschoot, uitgevers

001. STATUE MASCULINE

M.A.R. - Huaraz MAA 58
Pierre
Hauteur: 95 cm

Culture Recuay
Style Aija
Intermédiaire ancien
400 a.C. - 300 p.C.

La sculpture des hautes terres septentrionales perpétue, en quelque sorte, la tradition de la sculpture Chavín. En effet, le Pérou préhispanique n'a pas développé de grande tradition de la statuaire en pierre, à l'exception de la culture Chavín déjà citée, la culture Recuay et la tradition Tiahuanaco (par tradition Tiahuanaco, nous entendons les cultures qui occupèrent le bassin du lac Titicaca, depuis l'Intermédiaire ancien, et qui englobaient notamment la culture Pukara). En réalité, la production de sculptures en pierre attribuée à la culture Recuay l'est de façon arbitraire. Malgré leur nombre relativement important, aucune d'entre elle n'a été découverte dans un contexte archéologique précis. Cependant, si on se réfère aux auteurs qui ont étudié plus particulièrement cette contrée du Pérou, nous constatons qu'aucun d'eux n'hésite à les attribuer à la culture Recuay. Néanmoins, il semblerait que deux traditions aient coexisté: l'une est appelée tradition Aija, du lieu où fut découvert ce style de sculpture, et l'autre, tradition Huaraz.

002. TÊTE-TENON
DE PERSONNAGE FÉLIN

M.P.E. - Roma 105763
Pierre
Hauteur: 22 cm

Culture Chavín
Horizon ancien
900 - 400 a.C.

Sur les murs du Nouveau Temple de Chavín de Huántar, des têtes-tenons, prenant la place d'une pierre de construction, montrent souvent l'aspect d'une figure grimaçante. La bouche garnie de crocs saillants ainsi que le nez aplati sont des signes de félinité. Il semblerait que les personnages pourvus de ces appendices appartiennent au monde des dieux.

003. TÊTE-TENON

M.A.U.N. - Trujillo U6
Pierre
Longueur: 27 cm

Culture Chavín
Horizon ancien
900 - 400 a.C.

Même les visages humains sont empreints de traits qui les défigurent partiellement. Ici, la tête-tenon humaine est parcourue de divers motifs: volutes sur les joues, yeux enfermés dans une cavité quadrangulaire, oreilles géométrisées évoquant plus une parure qu'un trait anatomique. Le mouvement de la bouche, qui suggère celui que ferait un siffleur, sera repris dans les thèmes de certaines cultures, notamment mochica. Sa signification demeure obscure car, jusqu'à présent, ces personnages apparaissent toujours isolés, sans éléments iconographiques permettant éventuellement de les replacer dans un contexte, religieux ou autre.

004. PETIT RÉCIPIENT

D.A.M. - Helsinki 901
Stéatite
Hauteur: 4,7 cm

Culture Chavín
Horizon ancien
900 - 400 a.C.

Les artisans de l'Horizon ancien se sont montrés maîtres dans la confection de récipients en pierre. Malgré l'absence d'outils de métal, ils réussissent à fabriquer de petits gobelets aux parois régulières. La surface extérieure a été ornée d'un décor gravé illustrant également le thème du personnage félin ou caïman.

005. MORTIER A DECOR GRAVE ET PILON

M.B. - Lambayeque MB 1932, MB 1938
Pierre
Hauteur: 18,5 cm

Culture Cupisnique
Horizon ancien
900 - 400 a.C.

Ce récipient, à la paroi ornée d'une scène religieuse continue, est pourvu à la base de deux perforations. Il est probable qu'il ait servi à la préparation d'une boisson qui, une fois pressée, s'écoulait par ces perforations. Le cas n'est pas unique puisque des pièces semblables sont conservées dans les collections privées, ce qui démontrerait un usage assez répandu de ce mode d'extraction du jus.

006. MORTIER EN FORME DE POISSON

M.A.U.N.M.S.M. - Lima 462
Pierre
Longueur: 37 cm

Culture Chavín
Horizon ancien
900 - 400 a.C.
Provenance: Galerie des Offrandes du Vieux Temple de Chavín de Huántar

La représentation de poissons, dans une contrée éloignée de la mer, suscite de nombreuses questions ou hypothèses. En effet, la faune ichtyologique semble avoir connu une certaine prédilection chez les populations de la *sierra*, peut-être parce qu'elle constituait une denrée rare. Cependant, la présence sur le même site de l'Obélisque Tello qui représente un caïman, animal également inconnu à cette altitude, permettrait de supposer que l'on est en présence d'un élément appartenant au mythe du «Seigneur des Poissons», mythe qui plonge ses racines dans le monde amazonien.

007. VASE A ANSE-GOULOT EN ETRIER

008. PLAT DIT «DRAGON»

M.A.U.N.M.S.M. - Lima 1.15 446-396
Terre cuite
Hauteur: 18,5 cm; diamètre: 14 cm

Culture Chavín
Style Raku
Horizon ancien
900 - 400 a.C.

La collection de céramique Chavín, conservée au musée de l'Université de San Marcos, provient des campagnes de fouilles menées sur le site même de Chavín de Huántar par Luis Lumbreras durant les années '60. L'état dans lequel les vases furent retrouvés laisse penser qu'ils furent brisés intentionnellement.

M.A.U.N.M.S.M. - Lima 1.15 583 - 429
Terre cuite
Hauteur: 8,2 cm; diamètre: 19,2 cm

Culture Chavín
Style Ofrendas
Horizon ancien
900 - 400 a.C.
Provenant de la Galerie des Offrandes, à Chavín de Huántar

Sur toute la surface externe du récipient «grouillent», entremêlés, une grande quantité de motifs qui ne sont, à première vue, que la représentation de crocs de félin. En réalité, une lecture plus attentive du décor permet de déceler la présence d'une tête complète de félin, avec sa gueule, sa truffe et son oeil. Le motif n'est pas sans rappeler celui de la tête-tenon (002).

009. VASE A GOULOT

M.A.U.N.M.S.M. - Lima 1.15 513-400
Terre cuite
Hauteur: 18 cm; diamètre: 14 cm

Culture Chavín
Style Ofrendas
Horizon ancien
900 - 400 a.C.

Contrairement aux plats et à une bouteille - seul exemple connu - qui étaient pourvus d'une décoration couvrant toute la surface extérieure, la plupart des autres récipients ne portent de décor que sur la partie directement visible. Cela pourrait signifier que les premiers étaient manipulés, peut-être par des sacerdoces, lors de cérémonies spécifiques.

010. VASE A GOULOT

M.A.U.N.M.S.M. - Lima 1.15 438-421
Terre cuite
Hauteur: 20,5 cm; diamètre: 15 cm

Culture Chavín
Style Ofrendas
Horizon ancien
900 - 400 a.C.

Sur l'épaule du vase figurent des têtes de félins, incisées la gueule tournée vers le haut. D'autres appendices, placés devant le museau, pourraient suggérer qu'il s'agit de la représentation du caïman. Selon les hypothèses avancées par certains, la tête tournée vers le haut serait l'image d'un dieu à la poursuite d'une proie.

011. PLAT A DECOR INCISE

M.A.U.N.M.S.M. - Lima 1.15 547-420
Terre cuite
Hauteur: 7 cm; diamètre: 20 cm

Culture Chavín
Style Ofrendas
Horizon ancien
900 - 400 a.C.
Provenant de la Galerie des Offrandes, à Chavín de Huántar

Comme pour le vase précédent (008), mais exécuté de façon plus simple, celui-ci est également orné d'un motif de félin couvrant toute la paroi extérieure, y compris le fond.

012. VASE BICHROME A DECOR INCISE

L.M. - Stuttgart M 31964 L L 3272 L/8
Terre cuite
Hauteur: 30 cm

Culture Chavín (?)
Horizon ancien
900 - 400 a.C.

Jusqu'à présent, les vases appartenant à cette culture présentaient toujours une surface monochrome, généralement de teinte grise ou gris-noir. Ici, même si le motif demeure celui d'un être aux crocs saillants, le fait d'en «contourner» les traits principaux d'une autre teinte est une innovation ou une particularité marquant un changement de style.

013. VASE ZOOMORPHE

L.M. - Stuttgart M 32439 L
Terre cuite
Hauteur: 27 cm

Culture Cupisnique
Horizon ancien
900 - 400 a.C.

La culture Cupisnique, bien qu'apparentée à la culture Chavín (ou influencée par celle-ci) montrera dans sa production une prédilection pour les vases en ronde-bosse. La complexité technique ne devait pas rebuter les potiers de cette contrée de la côte nord puisqu'ils parviennent à représenter des thèmes complexes de façon sculpturale. Ici notamment, la scène réunit deux êtres qui se confondent parfaitement l'un dans l'autre. Le plus important représente un oiseau rapace (un condor?) reconnaissable à son bec crochu.

014. VASE ZOOMORPHE
A LONG GOULOT

L.M. - Stuttgart M 31381 L
Terre cuite
Hauteur: 24 cm

Culture Cupisnique
Horizon ancien
900 - 400 a.C.

Respectant ce goût pour les formes, le potier a combiné deux techniques de décoration, en plus de celle en relief: l'incision et la peinture. Assez étrangement, les incisions remplies de matière colorante rappellent les décors des vases Paracas. En outre, il semblerait que ces couleurs n'aient pas été cuites.

015. VASE ANTHROPOMORPHE

M.R.A.H. - Bruxelles AAM 75.3
Terre cuite
Hauteur: 23 cm; diamètre 16 cm

Culture Cupisnique
Horizon ancien
900 - 400 a.C.

L'originalité de cette oeuvre consiste en l'emploi de deux techniques décoratives différentes pour représenter un être humain. La tête du personnage, coiffée de façon particulière et aux oreilles parées de disques, émerge de la surface de la panse sur laquelle est incisé le reste du corps. Les bras sont disproportionnés et les doigts sont pourvus de longs ongles, un peu à la manière des mains des autres divinités Chavín.

016. VASE ZOOMORPHE

L.M. - Stuttgart M 32346 L
Terre cuite
Hauteur: 25 cm

Culture Cupisnique
Horizon ancien
900 - 400 a.C.

Le récipient zoomorphe évoque une coiffure ornée d'un trophée animal, une parure dont il fut fait grand usage par les habitants du Pérou, à l'époque préhispanique. Le décor consiste en une représentation en ronde-bosse, pour la partie supérieure, et en motifs incisés sur la «couronne». L'animal est représenté la gueule entrouverte qui laisse voir des crocs saillants. Cependant, les autres traits ne permettent pas d'identifier avec exactitude l'animal.

017. STATUETTE
ANTHROPOMORPHE

M.B.C.R. - Lima ACE. 2892
Terre cuite
Hauteur: 13,5 cm; longueur: 19,3 cm

Culture Paracas
Intermédiaire ancien
400 - 100 a.C.

Le personnage portant un large plateau est représenté en position assise. L'ensemble est rehaussé de couleurs qui, à l'origine, devaient être plus vives. Celles-ci, peintes après la cuisson de l'oeuvre, n'ont pas résisté aux attaques du temps. Les sujets représentés en ronde-bosse sont rares parmi la production artistique des artisans Paracas.

018. VASE ZOOMORPHE

M.A.U.N.M.S.M. - Lima 23
Terre cuite
Hauteur: 11 cm; longueur: 19,5 cm

Culture Recuay
Intermédiaire ancien
300 - 800 p.C.

Ce récipient, illustrant un «dragon», provient de la tombe 17 fouillée par Luis Lumbreras à Chavín de Huántar. L'image en est encore empreinte d'influence Chavín avec la gueule qui évoque le félin et les crocs qui s'emboîtent l'un dans l'autre. Les appendices sur le sommet de la tête évoquent peut-être, de très loin, ceux ornant le démon crêté dont l'image figure, sans doute à la manière d'un archétype, sur certaines scènes de la céramique mochica où il est associé à la lune, comme symbole ou comme représentation de cette divinité.

020. BOUTEILLE

M.A.U.N. - Trujillo s.n.
Terre cuite
Hauteur: 24 cm; diamètre: 12 cm

Probablement culture Salinar
Formatif ou début Intermédiaire ancien
600 a.C. - 200 p.C.

Le décor est réparti en deux zones distinctes. Sur le renflement, situé à la base du goulot, figurent des «pustules» en bas-relief (peut-être des organes sexuels féminins), alors que la panse proprement dite est parcourue d'un quadrillage obtenu selon la technique du «brunissage».

019. VASE A GOULOT CEPHALOMORPHE

M.B. - Lambayeque MB 9417
Terre cuite
Hauteur: 24 cm; diamètre: 16 cm

Probablement culture Salinar
Formatif ou début Intermédiaire ancien
600 a.C. - 200 p.C.

Les représentations de têtes isolées, la bouche béante pour des raisons fonctionnelles mais aussi pour répondre à des canons iconographiques, ainsi que les yeux fermés, ne sont pas sans rappeler certaines têtes de momies.

021. FIGURINE ANTHROPOMORPHE

M.A.U.N. - Trujillo s.n.
Terre cuite
Hauteur: 17 cm

Culture indéterminée
Formatif
1800 - 400 a.C.

La facture dépouillée de cette représentation humaine, dépourvue actuellement de toute trace de coloris, ne permet de relier cette oeuvre à aucune culture connue. Elle est probablement originaire de la côte nord du Pérou. Seuls les traits du visage pourraient permettre d'envisager une lointaine parenté avec certaines œuvres provenant de la culture Salinar. Contrairement aux oeuvres en ronde-bosse qui illustreront les cultures plus récentes de la côte septentrionale, et qui sont partiellement héritières de la culture Cupisnique, celle-ci est emprisonnée dans un volume contraignant. Il est curieux également de noter la «minceur» disproportionnée des bras, un trait stylistique qui sera répété sur certaines productions mochicas de la phase III.

022. STROMBE GRAVE

B.M. - Brooklyn L.52.1
Coquillage
Hauteur: 23,5 cm

Culture Chavín
Horizon ancien
900 - 400 a.C.

Cette pièce est particulièrement intéressante à deux sujets. Le premier est lié à la matière même dans laquelle a été confectionné cet instrument de musique. En effet, le coquillage est identifié comme appartenant à la catégorie des strombes, une catégorie dont les individus sont absents des mers froides du Pérou. Ce type de coquillage ne se rencontre normalement que dans les eaux chaudes, plus au nord, notamment le long des côtes équatoriennes. Son utilisation, au Pérou, suppose donc que des échanges existaient durant l'Horizon ancien entre cette contrée et l'Equateur. Ces échanges, probablement à caractère commercial, et destinés à se pourvoir en denrées rares, généralement réservées à des usages cérémoniels, sont par ailleurs attestés par la présence d'un autre coquillage des mers chaudes, le spondyle. Le second intérêt de cette oeuvre exceptionnelle réside dans le motif gravé sur la surface du coquillage. Il représente, manifestement, un joueur de conque dont certains traits évoquent un personnage à caractère divin: nez rappelant la truffe d'un félin et «tatouage» figurant sous l'oeil. D'autres motifs, tel le serpent, viennent compléter la scène et permettent d'établir un lien entre cet objet et le reste de la production graphique Chavín.

023. FIGURINE ANTHROPOMORPHE

M.B.C.R. - Lima ACO - 3231
Coquillage
Hauteur: 3,8 cm

Culture Chavín
Horizon ancien
900 - 400 a.C.

Les deux personnages, bien que d'allure humaine, sont néanmoins pourvus de caractères félins, ce qui leur confère une fonction divine. La valeur de ces deux objets, manifestement produits par une même main, est rehaussée par l'application de couleur rouge, probablement de l'hématite ou du cinabre. Ces matières colorantes, comme les ocres, faisaient l'objet d'une exploitation et ce, déjà depuis le Précéramique, lorsque les chasseurs-collecteurs peignaient des scènes de chasse sur les parois de leurs abris sous roche. Les perforations pratiquées sur le sommet de la tête indiqueraient que ces objets ont été cousus sur un support, probablement un vêtement et qu'ils devaient être plus nombreux, si telle a été leur fonction.

024. FIGURINE ANTHROPOMORPHE

M.B.C.R. - Lima ACO - 3232
Coquillage
Hauteur: 3,8 cm

025. BRAS

T.M. - Washington 91.204
Terre cuite
Hauteur: 25,6 cm; diamètre: 6 cm

Culture Paracas
Phase Paracas récent
Intermédiaire ancien
300 - 100 a.C.
Donné comme provenant de Ocucaje

Curieusement, la paume de la main est ornée d'un motif qui rappelle un visage humain. Les pigments utilisés, noirs et orange sur fond brun rougeâtre, ont été appliqués après cuisson comme il était de tradition chez les potiers de la période Paracas.

026. PLAT

M.Ar.R. - Ica 179
Terre cuite
Hauteur: 4,3 cm; diamètre: 15,8 cm

Culture Paracas
Phase Ocucaje 8
Intermédiaire ancien
400 - 100 a.C.

Le décor peint de ce récipient se répartit en deux zones: le bord semble orné de motifs géométriques (peut-être des symboles dont la signification nous échappe?) qui séparent les images «géométrisées» de ce qui pourrait être un félin. Ce motif serait la conséquence de l'emprise religieuse de Chavín, durant une courte période, sur cette contrée. Au centre, dans un cercle, un même ensemble de figures forme un motif rayonnant.

027. VASE ANTHROPOMORPHE

M.Ar.R. - Ica 4121 MR 2578
Terre cuite
Hauteur: 23 cm; diamètre: 17 cm

Culture Paracas
Phase Ocucaje 8
Intermédiaire ancien
400 - 100 a.C.

Dès cette époque, on peut noter sur des oeuvres de ce type que les potiers de la côte sud donneront toujours une préférence à la couleur. En effet, sur ce vase, le volume de la tête est à peine suggéré, l'artisan ayant évité de trop s'y attarder pour préférer représenter la plupart des autres traits en peinture. Cependant, l'expression générale demeure fort simple et comporte quelques erreurs anatomiques telles les mains qui ne sont pourvues que de quatre doigts. De même, la fonction de l'objet a prédominé puisque la base, arrondie, ne comporte aucun détail anatomique.

029. MASQUE ZOOMORPHE

M.B.A.F.A.M. - Montréal 948.AD.32
Terre cuite

Culture Paracas
Intermédiaire ancien
400 - 100 a.C.

La culture Paracas a produit un certain nombre de masques qui évoquent des animaux ou des personnages pourvus d'appendices sommant la tête et, parfois, d'un long nez aplati. Ici, l'animal évoqué serait un renard, dont la signification est inconnue dans cette partie du Pérou mais dont nous noterons une plus ample présence dans la céramique mochica de la côte nord.

028. «RECIPIENT» CEPHALOMORPHE

M.Ar.R. - Ica 000 420 - ARD/108 INC
Terre cuite
Hauteur: 7 cm; longueur: 10,3 cm

Culture Paracas
Intermédiaire ancien
400 - 100 a.C.

Un peu à la manière du vase à goulot céphalomorphe (019), ceci pourrait également suggérer une tête de défunt. Cependant, contrairement à l'oeuvre précédemment décrite, le personnage est ici figuré les yeux ouverts.

030. STATUETTE

M.Ar.R. - Ica INC 000431/ARD 119
Terre cuite
Hauteur: 29 cm

Culture Paracas
Intermédiaire ancien
400 - 100 a.C.

Cette oeuvre pourrait démentir ce qui a été dit précédemment au sujet de la représentation en ronde-bosse sur la côte sud. Cependant, s'il s'agit bien d'un personnage en trois dimensions, il faut reconnaître que les détails, aussi bien anatomiques que vestimentaires, sont reproduits en motifs incisés rehaussés de couleurs qui, à l'origine, devaient être particulièrement vives. Il est intéressant de noter que le personnage porte curieusement une *quen* fichée dans le ruban entourant la tête. Il est bon de savoir que ces flûtes ont été le support de certaines représentations anthropomorphes. Ainsi l'embouchure pouvait-elle parfois évoquer une tête portant les mêmes décorations. A ce sujet, il est utile de noter que les peintures faciales, ou les tatouages, faisaient partie de la parure corporelle. La preuve en est que certaines momies portent manifestement des tatouages, notamment sur les bras.

031. VASE A DECOR EN NEGATIF

P.M.A.E. - Cambridge T 1363
N.969.46.30/8656
Terre cuite
Hauteur: 15 cm; diamètre 17 cm

Culture Paracas
Intermédiaire ancien
400 - 100 a.C.
Provenant de Juan Pablo (Ica)

A la fin de la phase Paracas, le type de décor marque un net changement par rapport à la production antérieure, entièrement tournée vers la couleur. Ici, celle-ci tend à perdre de son importance pour faire place à une nouvelle technique: la peinture en négatif. Les motifs clairs, réservés au moment d'une opération d'enfumage destinée à noircir la surface, ne sont que de simples cercles couvrant toute la surface du vase. Seul un des deux goulots s'orne d'une tête d'oiseau en haut-relief.

032. VASE A DECOR INCISE ET PEINT

P.M.A.E. - Cambridge T 1359
N.58.5130/8170
Terre cuite
Hauteur: 16 cm; diamètre: 27 cm

Culture Paracas
Intermédiaire ancien
400 - 100 a.C.
Provenant du site Juan Pablo I (Ica)

A cette même époque, le vase à double goulot relié par une anse pontée fait son apparition parmi le répertoire morphologique des récipients produits par les potiers méridionaux. Cette forme se perpétuera et connaîtra un grand engouement durant la phase Nazca. Comme pour le vase précédent, un des «goulots» est surmonté d'une tête d'oiseau. Sur une partie de la panse figure un motif incisé rehaussé de couleurs vives posées après cuisson.

033. VASE ANTHROPOMORPHE

D.A.M. - Helsinki 909
Terre cuite
Hauteur: 21 cm

Culture Nazca
Style Nazca I
Intermédiaire ancien
100 a.C. - 100 p.C.

Le style Nazca I ou proto-Nazca porte encore les caractéristiques du style Paracas. Cependant, une innovation majeure fait son apparition sur la côte sud: les engobes sont utilisés pour la première fois pour peindre les vases. Ces colorants pouvant être cuits, ils ont mieux résisté au temps que sur les oeuvres précédentes.

034. VASE ANTHROPOMORPHE

M.Ar.R. - Ica INC 000419/ARD 107
Terre cuite
Hauteur: 23,5 cm; longueur: 17,3 cm

Culture Nazca
Style Nazca I
Intermédiaire ancien
100 a.C. - 100 p.C.

Parmi les rares représentations en ronde-bosse de la céramique Nazca, le thème du pêcheur est probablement un des plus fréquents. Ici, il est reconnaissable au poisson qu'il tient dans les mains et au filet qu'il porte sur le côté.

035. VASE ANTHROPOMORPHE

U.M. - Manchester 0.9707/55
Terre cuite
Hauteur: 20,5 cm; diamètre: 11 cm

Culture Nazca
Style Nazca I
Intermédiaire ancien
100 a.C. - 100 p.C.

Le personnage représenté par ce vase illustre un autre membre de la société Nazca. Les différents attributs dont il est affublé sont manifestement les signes d'une fonction religieuse encore accentuée par la présence du serpent. La coiffe est déjà d'un modèle particulier et semble situer le personnage dans une classe sociale précise, disposant du droit de porter des dépouilles animales comme celle du félin figurant à l'avant de la coiffe. Naturellement, le serpent serré entre les mains devait signaler une fonction religieuse ou un rite importants. Si l'on se réfère à ce que l'on connaît des autres cultures andines, il semblerait que le lien avec le monde inférieur soit plausible. Sur le bas du visage, des peintures dessinent des «moustaches» et une «barbiche». Ces peintures seront fréquentes dorénavant sur certains visages Nazca. Il est fort probable qu'elles indiquaient également un statut ou une fonction.

036. VASE ANTHROPOMORPHE DOUBLE

M.Ar.R. - Ica INC 000448/ARD 135
Terre cuite
Hauteur: 39 cm; longueur: 71 cm

Culture Nazca
Style Nazca I
Intermédiaire ancien
100 a.C. - 100 p.C.

Ce vase, aux caractéristiques similaires aux trois précédents, mais aux dimensions plus impressionnantes, représente deux personnages portant une série de têtes (des têtes-trophées?) sur tout le pourtour de la panse. Ce thème sera également privilégié par les céramistes Nazca lors des phases ultérieures.

037. VASE ANTHROPOMORPHE

M.B.C.R. - Lima ACE. 764
Terre cuite
Hauteur: 23,7 cm; longueur: 24 cm

Culture Vicús
Intermédiaire ancien
500 a.C. - 400 p.C.

La céramique Vicús-Vicús, pour la différencier de la production Moche-Vicús, a marqué une certaine prédilection pour les représentations de musiciens. Le musicien de ce vase double illustre un joueur de flûte de Pan. Cet instrument de musique a connu très tôt un certain engouement de la part des cultures des Andes centrales. Le personnage comme le second récipient, à l'arrière, sont ornés d'un décor en négatif obtenu selon le procédé déjà décrit pour la pièce 031.

038. VASE DOUBLE

M.B.C.R. - Lima ACE. 874
Terre cuite
Hauteur: 19 cm; longeur: 24 cm

Culture Vicús
Intermédiaire ancien
500 a.C. - 400 p.C.

Les potiers Vicús ont largement diffusé ce type d'image illustrant un personnage «enfermé» dans une structure architecturale. Cette dernière devait certainement être le reflet des édifices construits par cette culture. On peut noter ainsi l'existence du toit à double pente qui semble reposer directement sur les murs. Il est probable que les ouvertures circulaires évoquent les baies éclairant l'intérieur des habitations alors que la trouée rectangulaire représenterait la porte.

039. FIGURINE FEMININE

M.B.C.R. - Lima ACE. 807
Terre cuite
Hauteur: 16,8 cm

Culture Vicús
Intermédiaire récent
500 a.C. - 400 p.C.

Les représentations féminines isolées sont rares dans l'art préhispanique du Pérou. Cette quasi-absence serait le reflet du statut de la femme dans la société des Andes centrales. Pour la période inca, nous disposons de sources écrites qui permettent de se faire une idée de ce que devait être son rôle. A la fin de l'Horizon récent, seule la Coya, soeur-épouse de l'Inca, semble jouir d'un statut privilégié, bien que ses fonctions ne soient que l'ombre de celles de son frère-époux. Même les *mamaconas*, qui dédient leur vie à l'Inca, ne semblent pas bénéficier d'un pouvoir plus étendu que leurs consœurs demeurées dans leur *ayllu*. Pour se faire une idée du rôle de la femme lors des périodes précédentes, il ne nous reste que l'iconographie. Mais celle-ci n'est pas toujours à même de nous fournir des renseignements. Ainsi l'absence de très rares représentations figuratives dans la céramique Ica-Chincha empêchent-elles de juger du rôle de la femme dans cette société. Parmi les productions artistiques les plus susceptibles de nous faire une image de la femme péruvienne, les vases mochicas sont probablement les plus éloquents. Or, la situation ne semble guère plus brillante que le statut de la femme inca. La majorité d'entre elles sont astreintes aux tâches domestiques. De plus, la proportion de personnages féminins par rapport aux figures masculines ne représente qu'une infime partie des sujets exploités par l'artisan céramiste. On peut alors se poser la question de savoir pourquoi cette femme a fait l'objet d'une représentation. Qualitativement, cette oeuvre se classe parmi les plus belles de la culture Vicús. Tout dans son traitement tridimensionnel annonce la grande tradition mochica. En fait, il apparaît que, dans certaines sociétés préhispaniques, des femmes auraient tenu un rôle important dans le domaine religieux. Ainsi, il serait possible que ces femmes aient été des chamans féminins, participant activement à certaines cérémonies ou assistant un religieux du sexe opposé. Certains vases à scène mochicas montrent clairement cette participation féminine à des rites de guérison.

040. VASE A SCENE

M.B.C.R. - Lima ACE. 779
Terre cuite
Hauteur: 17,2 cm; longueur: 27,5 cm

Culture Vicús
Intermédiaire ancien
500 a.C. - 400 p.C.

Cette scène est à associer au joueur de flûte de Pan (037) déjà décrit. Ici aussi, il s'agit de musiciens. Malgré l'imprécision de certains détails, il est possible de reconnaître la *quena* comme instrument de musique. Apparemment, ces personnages devaient occuper une place importante dans la société Vicús, notamment lors des fêtes.

041. VASE-OBJET

R.v.V. - Leiden 50,51-1
Terre cuite
Hauteur: 19,2 cm

Culture Moche-Vicús
Phase I
Intermédiaire ancien
100 a.C. - 200 p.C.

La méconnaissance de l'iconographie mochica pourrait amener certains d'entre nous à interpréter cet objet comme étant une représentation d'un volume géométrique, sans fonction précise. En réalité, ce vase illustre une particularité de l'art mochica: l'éclatement de l'image. En effet, cette représentation prend tout son sens lorsque l'on sait qu'il s'agit de la tête d'une massue-épieu, une arme souvent illustrée dans les scènes de combat.

042. VASE ZOOMORPHE

M.B.C.R. - Lima ACE. 1070
Terre cuite
Hauteur: 19 cm; longueur: 31 cm

Culture Vicús
Intermédiaire ancien
500 a.C. - 400 p.C.

L'archéologie nous a appris que les animaux domestiqués étaient fort peu nombreux dans le Pérou préhispanique. Parmi les oiseaux, on ne compte que le canard musqué qui semblait plus apprécié pour ses plumes que pour sa chair. Bien qu'éloigné de la réalité, cet oiseau pourrait être une représentation d'un individu de cette espèce. Morphologiquement, ce vase appartient au groupe important des vases-siffleurs. Le dispositif permettant de produire le sifflement a été placé dans la tête de l'oiseau.

043. TAMBOUR

M.A.U.N. - Trujillo s.n.
Terre cuite
Hauteur: 37 cm; longueur: 25 cm

Culture Virú/Gallinazo
Intermédiaire ancien
300 a.C. - 300 p.C.

La culture Virú/Gallinazo, sous de nombreux aspects, demeure encore fort mystérieuse. Comme la culture Vicús, déjà évoquée, et la culture Salinar, elle forme cet ensemble de cultures de la côte septentrionale, au début de l'intermédiaire ancien, avant que la culture mochica ne connaisse l'expansion géographique que l'on sait. En outre, cette même culture présente un certain nombre d'affinités avec la culture Vicús: un même goût pour les représentations expressionnistes et l'usage du décor en négatif. On a cru un temps que cette caractéristique de l'art Virú/Gallinazo était la conséquence d'une influence Vicús, une culture qui lui aurait été antérieure. L'hypothèse était certes attrayante mais l'affinement des dates a démontré la parfaite contemporanéité de ces deux civilisations ainsi que de celle de Salinar.

044. VASE

M.A.U.N. - Trujillo U 4814
Terre cuite
Hauteur : 22 cm ; diamètre : 10 cm

Culture Salinar
Intermédiaire ancien
300 a.C. - 300 p.C.

Sur ce vase, le décor est réduit à sa plus simple expression. Sur la surface monochrome, soigneusement finie, seul figure à hauteur de l'épaule un motif répétitif de V superposés enfermant des pointillés.

045. VASE-SIFFLEUR

M.R.A.H. - Bruxelles AAM 76.6
Terre cuite
Hauteur : 17,5 cm ; diamètre : 15,5 cm

Culture Salinar
Intermédiaire ancien
300 a.C. - 300 p.C.

Le décor géométrique de ce vase a été exécuté en incisant, sur la panse, un motif répétitif d'escalier. La surface de ce motif, traitée par brunissage, présente une surface brillante qui contraste avec la partie supérieure recouverte d'un engobe crème mat. Le système siffleur a été posé à l'extrémité de l'anse pontée, près du goulot fermé.

046. TETE HUMAINE

M.f.Vo. - Wien 147.973
Terre cuite
Hauteur: 11,7 cm; diamètre: 12 cm

Culture Salinar
Intermédiaire ancien
300 a.C. - 300 p.C.

La culture Salinar, qui semble s'être développée dans les deux vallées septentrionales de Moche et de Chicama, a également produit une céramique figurative annonciatrice de celle produite par les artisans mochicas. Cette oeuvre, bien qu'encore rudimentaire, porte déjà tous les traits des productions en ronde-bosse de la culture mochica. En outre, il est intéressant de remarquer les yeux fermés, une caractéristique qui permettrait de supposer que nous nous trouvons devant la représentation d'un défunt. L'état fragmentaire de l'oeuvre ne nous permet pas d'être plus affirmatif.

047. VASE-ARCHITECTURE

M.B.C.R. - Lima ACE. 957
Terre cuite
Hauteur: 19 cm

Culture Salinar (?)
Intermédiaire ancien (?)
300 a.C. - 300 p.C.

Déjà dans la culture Vicús, l'architecture semble avoir inspiré les potiers et plus particulièrement ceux de la côte nord. La construction figurant sur ce vase s'avère mal aisée à interpréter car elle diffère des deux oeuvres suivantes dont les caractéristiques sont plus nettement Salinar.

048. VASE ANTHROPOMORPHE

M.B.C.R. - Lima ACE. 726
Terre cuite
Hauteur: 21 cm

Culture Salinar
Intermédiaire ancien
300 a.C. - 300 p.C.

Sur ce vase illustrant un guerrier, membre probablement important de la société Salinar, tous les traits caractéristiques de la céramique mochica sont présents: les couleurs limitées au nombre de deux, le goût pour les représentations en ronde-bosse ainsi que divers accessoires du personnage. L'ensemble du vase a été recouvert d'un engobe orange sur lequel ont été peints des motifs de couleur crème. Cette bichromie sera perpétuée sur la plupart des oeuvres mochicas. Parmi les accessoires portés par le guerrier, la massue-épieu tenue dans la main droite, le bouclier posé sur l'avant-bras gauche et le motif en forme de «*tumi*» qui surmonte la coiffe sont autant d'accessoires dont l'usage se répandra avec les Mochicas. Toutes ces influences sont parfaitement compréhensibles lorsque l'on sait que les deux cultures ont successivement occupé les vallées de Moche et de Chicama. Cependant, il est intéressant de signaler une différence importante entre les deux productions céramiques; la forme du goulot à anse pontée, placée sur le dos du guerrier, disparaîtra quasi totalement durant toute la période mochica.

049. VASE-ARCHITECTURE

M.B.C.R. - Lima ACE. 894
Terre cuite
Hauteur: 17,8 cm; longueur: 19 cm

Culture Virú/Gallinazo
Intermédiaire ancien
300 a.C. - 300 p.C.

Déjà les potiers Vicús avaient montré leur goût pour les représentations architecturales. Cette prédilection ne sera pas absente de la céramique Virú/Gallinazo. L'analyse de l'édifice représenté semble montrer que certains édifices ne comportaient que trois parois surmontées d'un toit en pente, orné d'«acrotères». Les deux murs latéraux sont curieusement découpés en forme d'escalier comprenant une ouverture rectangulaire. En réalité, l'ensemble évoque plus un auvent qu'un véritable édifice. Quant au personnage se trouvant à l'intérieur, son attitude hiératique s'apparente plus à celle d'un dieu qu'à celle d'un simple mortel.

050. VASE-ARCHITECTURE

H.M.f.V. - Hamburg B.3161
Terre cuite
Hauteur: 16 cm

Culture Salinar
Intermédiaire ancien
600 - 100 a.C.

Si le thème général de l'oeuvre rappelle indubitablement celui de la précédente, il est néanmoins intéressant de noter les particularités architectoniques de l'édifice représenté. En effet, le plan de la construction semble de type circulaire et la toiture était apparemment soutenue par des poteaux dont deux sont visibles ici. Contrairement à l'édifice du vase précédent, les parois sont entièrement aveugles. Quant aux traits incisés délimitant des bandes horizontales de couleurs, il est probable qu'ils soient l'image de la décoration ornant ces bâtiments.

051. PRISONNIER

M.A. - Madrid 1425
Terre cuite
Hauteur: 32,5 cm

Culture mochica
Phase IV
Intermédiaire ancien
100 a.C. - 600 p.C.

Le vase représente un prisonnier dénudé, assis les mains liées derrière le dos et portant une corde au cou. Le visage parfaitement modelé porte des peintures faciales. Aux oreilles, deux cercles correspondent à l'emplacement des ornements. Il s'agit d'une représentation classique des prisonniers de guerre dans la culture mochica; le prisonnier ne porte aucun signe distinctif de classe pour indiquer la forme suprême d'humiliation. Habituellement, ces prisonniers devenaient des esclaves ou étaient sacrifiés. Ils ne bénéficiaient d'aucun droit et leur commerce a dû être particulièrement prospère. (A.M.G.)

052. PRISONNIER

M.A. - Madrid 1064
Terre cuite
Hauteur: 21 cm

Culture mochica
Phase IV
Intermédiaire ancien
100 a.C. - 600 p.C.

Comme la pièce 053, le récipient représente un prisonnier à peu près identique: position assise jambes croisées, mains liées derrière le dos, corde autour du cou, chemise ornée d'un motif en quadrillage. Mais, contrairement à l'autre, la coiffure s'orne d'un masque de *Ai-Apaec*, un personnage mêlant traits humains et félins.

053. PRISONNIER

M.A. - Madrid 1065
Terre cuite
Hauteur: 19 cm

Culture mochica
Phase IV
Intermédiaire ancien
100 a.C. - 600 p.C.

Le prisonnier de guerre est assis jambes croisées, les mains liées derrière le dos et porte une corde au cou. Le visage est soigneusement représenté, avec les oreilles portant la trace de l'emplacement des ornements. Contrairement au personnage précédent, il est vêtu d'une chemise qui ne recouvre pas le pénis peint en noir. (A.M.G.)

054. PRISONNIER

M.R.A.H. - Bruxelles AAM 46.7.178
Terre cuite
Hauteur: 20,3 cm

Culture mochica
Phase III-IV
Intermédiaire ancien
100 a.C. - 600 p.C.

Ce prisonnier évoque par sa nudité totale le premier personnage décrit (051). Cependant, les décorations corporelles sont plus abondantes que pour le premier. Sur le visage, il porte un double motif en virgule, l'un ornant la commissure droite de la bouche, l'autre l'oeil gauche. Des motifs semblables ornent les épaules. Sur la poitrine figure un quadrillage évoquant une autre peinture corporelle ou un tatouage. Selon certains, ces signes distinctifs indiqueraient l'appartenance a l'un ou l'autre groupe ethnique, ennemi des Mochicas.

055. PRISONNIER

M.f.V. - Berlin VA 48078 K90
Terre cuite
Hauteur: 21 cm

Culture mochica
Phase III-IV
Intermédiaire ancien
100 a.C. - 600 p.C.

La scène représentée par ce vase montre un aspect supplémentaire des souffrances endurées par les prisonniers. Cependant, certaines interprétations avancent l'hypothèse qu'il s'agirait de criminels ayant commis un acte répréhensible mais, malheureusement, non identifiable. Sur certains vases, des prisonniers liés à des engins semblables, figurent devant des édifices, probablement à caractère public. D'autres scènes peintes par les potiers mochicas montrent des personnages occupant la même position inconfortable et subissant l'attaque de rapaces.

056. PRISONNIER

A.I. - Chicago 58.584
Fonds Buckingham
Terre cuite
Hauteur: 25,4 cm

Culture mochica
Phase IV
Intermédiaire ancien
100 a.C. - 600 p.C.

Le prisonnier représenté ici est complètement dénudé. Les mains sont liées derrière le dos et il porte une corde autour du cou. Aucune trace de peinture faciale ou corporelle n'apparaît sur la surface du récipient. Les oreilles portent des creux circulaires indiquant le port - ou l'incrustation - d'ornements. S'il est malaisé de distinguer le rang social du prisonnier, il est néanmoins possible de supposer qu'il s'agit d'un personnage important puisqu'il a porté des ornements d'oreilles, ornements qui étaient apparemment les insignes de gens de haut rang.

057. VASE-GUERRIER

M.B. - Lambayeque MB 968
Terre cuite
Hauteur: 24 cm

Culture mochica
Phase IV
Intermédiaire ancien
100 a.C. - 600 p.C.

Les scènes de combats sont nombreuses sur les représentations mochicas mais le contexte précis dans lequel elles se déroulent demeure encore obscur: sur la plupart des scènes se dégage l'impression que les belligérants appartiennent à un même groupe ethnique. De plus, le but de ces conflits semble avoir été de se procurer des prisonniers destinés à devenir esclaves ou à être sacrifiés.

058. VASE REPRESENTANT UN GUERRIER

R.v.V. - Leiden 32.77-5
Terre cuite
Hauteur: 23 cm

Culture mochica
Phase III
Intermédiaire ancien
100 a.C. - 600 p.C.

Le guerrier mochica, représenté ici de façon particulièrement réaliste, porte les accessoires typiques de sa fonction: le casque pourvu d'un protège-nuque et de protège-oreilles, le bouclier (carré ou circulaire), la massue-épieu. La tenue vestimentaire se compose d'une chemise sans manches, ornée de motifs de spirales, et d'une sorte de pagne. A l'arrière pend généralement une plaque qui devait protéger le bas du dos des coups de massues ou de la pointe de l'épieu. En fait, chacun de ces éléments vestimentaires a fait l'objet, à son tour, d'une représentation en ronde-bosse. Ainsi, la tête de la massue-épieu est-elle représentée par le vase Moche-Vicús décrit auparavant (041).

059. VASE A SCENE

P.M.A.E. - Cambridge
T 1362 09-3-30/75629
Terre cuite
Hauteur: 24 cm; longueur: 21 cm

Culture mochica
Phase IV
Intermédiaire ancien
100 a.C. - 600 p.C.

Le guerrier participant à la scène illustrée sur ce vase à anse-goulot en étrier correspond aux mêmes personnages précédemment décrits. Cependant, il se particularise par la position levée de son bras droit armé du bouclier, comme si le besoin se faisait sentir de se protéger contre un coup venu du haut. D'autre part, il domine un paysage à la fois montagneux - ce sont les divers pics qui entourent le guerrier - et «désertique» comme permettent de le supposer la présence des cactus peints sur ces mêmes pics. Des scènes semblables montrent également le ou les protagonistes tentant de se protéger d'une quelconque menace en levant le bouclier au-dessus de leur tête.

060. VASE-CASQUE

M.f.Vo. - Wien 58.331
Terre cuite
Hauteur: 24 cm

Culture mochica
Phase IV
Intermédiaire ancien
100 a.C. - 600 p.C.

Ce vase illustre un autre modèle de casque porté par les guerriers mochicas. Celui-ci se compose apparemment d'une calotte couvrant le sommet du crâne, ceinte d'une «dépouille» de félin dont la tête saillante apparaît sur l'avant de la coiffe. Un accessoire en forme de *tumi* est fiché derrière la tête du félin. Comme le vase représentant la massue-épieu, celui-ci appartient également à la tenue du guerrier.

061. VASE A DECOR PEINT

R.v.V. - Leiden 35.77-6
Terre cuite
Hauteur: 30 cm

Culture mochica
Phase IV
Intermédiaire ancien
100 a.C. - 600 p.C.

La «scène» qui couvre la panse de ce vase à anse-goulot en étrier nous montre, élément par élément, la tenue vestimentaire complète du guerrier. Cette panoplie, qui comprend les vêtements et les armes, était généralement enlevée au soldat ennemi, un peu à la manière d'un butin que le guerrier transporte triomphalement au bout de sa massue-épieu. Face au guerrier vainqueur, se tient le soldat vaincu, déjà dépouillé de ses vêtements et de ses armes. Dans ces scènes, il est intéressant de noter deux particularités. La première concerne l'état physique du prisonnier, montré souvent avec le nez qui saigne. La seconde est le geste du guerrier vainqueur qui saisit son ennemi par les cheveux pour l'emmener et, peut-être aussi, pour signifier sa victoire. L'orgueil du prisonnier est touché également par la corde qu'il porte autour du cou.

062. VASE A SCENE

G.E.M. - Göteborg 29.13.1
Terre cuite
Hauteur: 21 cm; diamètre: 12 cm

Culture mochica
Phase III-IV
Intermédiaire ancien
100 a.C. - 600 p.C.

La céramique réaliste mochica est la principale source nous fournissant des informations au sujet de l'architecture. En effet, les fouilles archéologiques n'ont permis jusqu'à présent de mettre au jour que des substructures, les parois en *adobe* n'ayant pu résister aux méfaits du temps et de l'environnement. De nombreux vases nous montrent une architecture semblable à celle-ci. Les parois, munies de baies rectangulaires, supportent un toit à double pente soutenu par un poteau. Sur le toit, un peu en guise d'acrotères, sont placés des objets qui évoquent des têtes de massues-épieux. S'agirait-il de trophées ramenés lors de combats et placés là pour signaler la valeur guerrière du personnage assis à l'intérieur de l'édifice? Sous l'édifice, en guise de panse, se trouvent trois étages superposés pourvus, latéralement, d'une incision oblique qui évoquerait un escalier d'accès. Si tel était le cas, l'hypothèse d'une bâtisse placée au sommet d'une pyramide ne serait pas à rejeter. Cependant, le caractère cérémoniel de la pyramide conférerait à cet édifice la fonction d'un temple - ou de tout autre lieu cérémoniel - plutôt que celle d'une habitation.

063. VASE A SCENE

M.B. Lambayeque MB 925
Terre cuite
Hauteur: 12 cm

Culture mochica
Phase III
Intermédiaire ancien
100 a.C. - 600 p.C.

Selon certains spécialistes qui se sont penchés sur l'interprétation de l'iconographie mochica, les scènes de caractère profane n'existent pas dans la céramique mochica. Or, les petites scènes de genre, comme celle illustrée par ce vase, pourraient infirmer une pareille hypothèse. En effet, les deux personnages participant à la scène paraissent préparer un breuvage, probablement de la *chicha*, une bière obtenue par la fermentation de jeunes grains de maïs préalablement mâchés et recrachés. Cependant, aujourd'hui encore, il faut savoir que cette boisson est généralement associée aux festivités qui jalonnent le calendrier rituel andin.

064. VASE A SCENE

M.B.C.R. - Lima ACE. 2976
Terre cuite
Hauteur: 19,5 cm

Culture mochica
Phase III-IV
Intermédiaire ancien
100 a.C. - 600 p.C.

Parmi les scènes où interviennent des divinités, certaines semblent vouloir illustrer des activités aussi anodines que le lavage des cheveux. Cette projection de notre propre vision du monde ne s'accorde cependant pas avec le contenu de l'iconographie mochica. En effet, rappelons-nous que le fait de saisir les cheveux marquait sur les scènes de guerre la prise de possession d'un prisonnier. Cependant, sur ce récipient, l'idée d'un dieu - reconnaissable à ses crocs saillants - se faisant prisonnier lui-même est difficile à admettre. La scène a un contenu à caractère cérémoniel accentué par la présence de personnages qui semblent officier en même temps que le dieu. Sur la panse du vase, la présence de poissons et de mammifères marins permet d'associer la cérémonie au monde marin.

065. VASE A SCENE

M.f.V. - Berlin VA 18285 K91
Terre cuite
Hauteur: 16,7 cm; longueur: 11,8 cm

Culture mochica
Phase IV
Intermédiaire ancien
100 a.C. - 600 p.c.

Ces scènes composites qui combinent éléments du milieu environnant et particularités de la vie «quotidienne» sont généralement liées à des pratiques de guérison auxquelles participent le *curandero* et ses assistants. Pareilles scènes, durant lesquelles sont utilisés des accessoires spécifiques, se répètent encore de nos jours dans diverses contrées du Pérou.

066. VASE A ANSE-GOULOT EN ETRIER

M.f.V. - Berlin VA 65538 K93
Terre cuite
Hauteur: 24,4 cm; longueur: 16,3 cm

Culture mochica
Phase IV
Intermédiaire ancien
100 a.C. - 600 p.C.

Le décor figurant sur les parois verticales du vase rappelle celui ornant certaines pyramides comme la Huaca Licape. Le motif évoquerait des serpents ou des poissons entrelacés, un peu à la manière des représentations découvertes sur la côte centrale et appartenant au style Interlocking.

067. VASE A SCENE

M.f.V. - Berlin VA 48094 K913
Terre cuite
Hauteur: 17 cm; longueur: 13,5 cm

Culture mochica
Phase III - IV
Intermédiaire ancien
100 a.C. - 600 p.C.

068. VASE-MAIN A ANSE-GOULOT EN ETRIER

La représentation de motifs scalaires terminés par une volute est souvent associée à une divinité aux crocs saillants et portant une ceinture de serpent bicéphale.
Ces deux éléments indiquent qu'il s'agit du dieu suprême, appelé Ai-Apaec. Sur ce vase, les motifs qui lui sont associés symboliseraient le monde marin.

M.B.C.R. - Lima ACE. 670
Terre cuite
Hauteur: 17,5 cm; longueur: 18,5 cm

Culture mochica ou Moche-Vicús
Phase I
Intermédiaire ancien
100 a.C. - 600 p.C.

De même que le guerrier et sa tenue faisaient séparément l'objet de représentations en ronde-bosse, le corps humain semble avoir subi le même «démembrement» de la part des céramistes mochicas. Ainsi, mains et bras sont parfois reproduits par ces artistes. Indubitablement, ces oeuvres possèdent une signification propre, malheureusement inconnue.

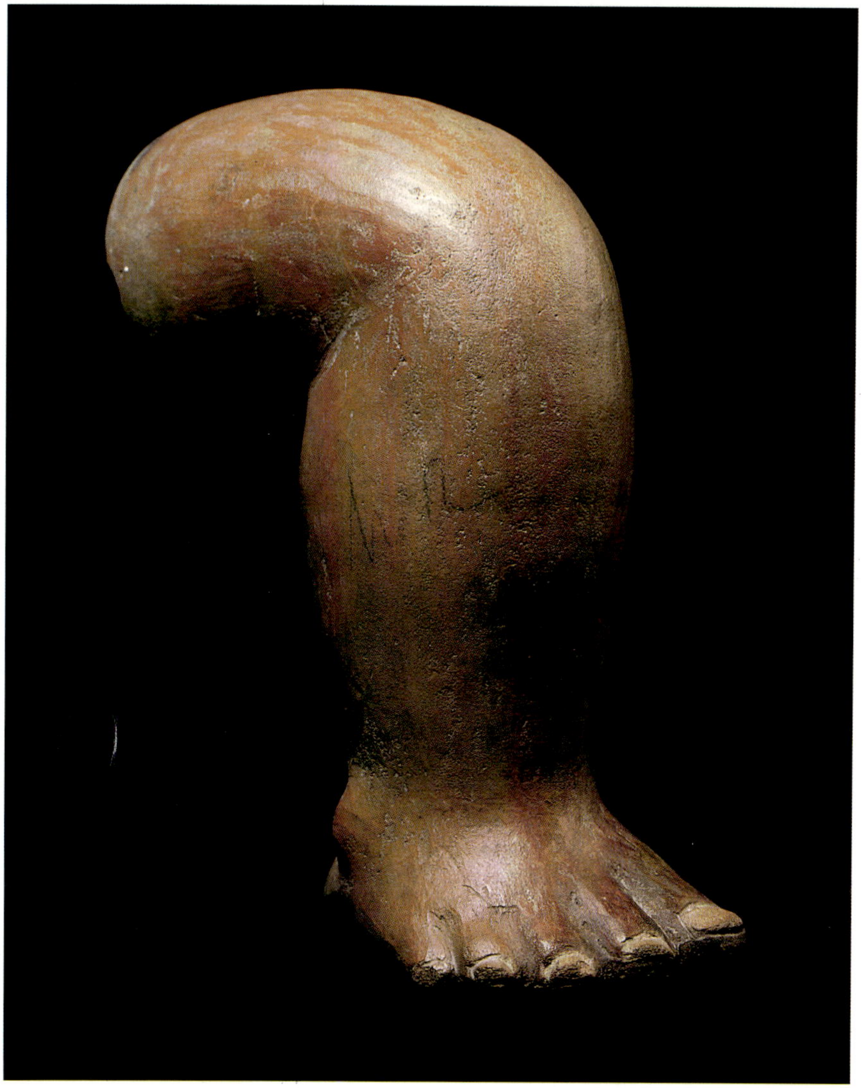

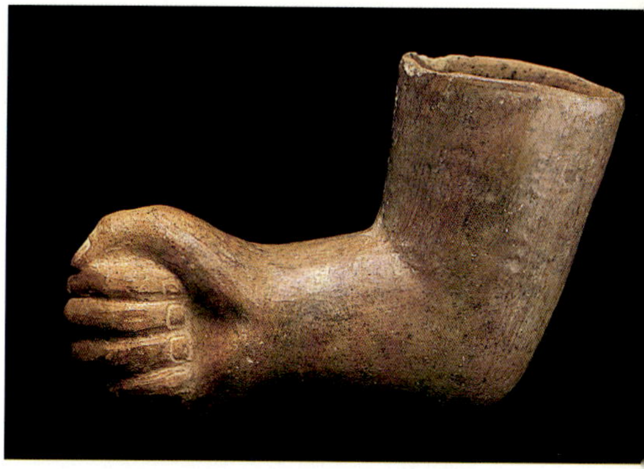

069. VASE-JAMBE

M.A. - Madrid 11079
Collection Martinez Compañón
Terre cuite
Hauteur: 20,5 cm; profondeur: 17 cm

Culture mochica
Intermédiaire ancien
100 a.C. - 600 p.C.

Cette pièce de caractère naturaliste possède une valeur magico-religieuse équivalente à celle de nos ex-votos. (A.M.G.)

070. VASE-BRAS

M.f.V. - Berlin VA 64765 K89
Terre cuite
Hauteur: 15 cm; longueur: 19,8 cm

Culture mochica
Intermédiaire ancien
100 a.C. - 600 p.C.

Le «récipient» représente un bras au poing fermé.

071. VASE *PAJCHA*

M.B.C.R. - Lima ACE. 956
Terre cuite
Longueur: 20 cm

Probablement culture chimú
Intermédiaire récent
1000 - 1450 p.C.

A l'articulation de la phalange du majeur, une perforation permettait l'écoulement du liquide contenu dans le récipient. Cette forme connaîtra un succès plus large durant l'Horizon récent.

072. VASE-BRAS

G.E.M. - Göteborg 57.14.1
Terre cuite
Hauteur: 17 cm; longueur: 34 cm

Culture mochica
Intermédiaire ancien
100 a.C. - 600 p.C.

L'idée de l'ex-voto est plus malaisée à accepter en regardant cette oeuvre. En effet, comment expliquer la présence de l'arme dans le poing si la fonction de cet objet était à caractère magico-religieux. Cette image correspond plus précisément aux scènes de guerre et de sacrifice où l'on voit des membres éparpillés à travers les représentations peintes. D'autre part, la lame tenue en main est semblable à celle utilisée par certains sacrificateurs, qu'ils soient êtres humains ou divinités.

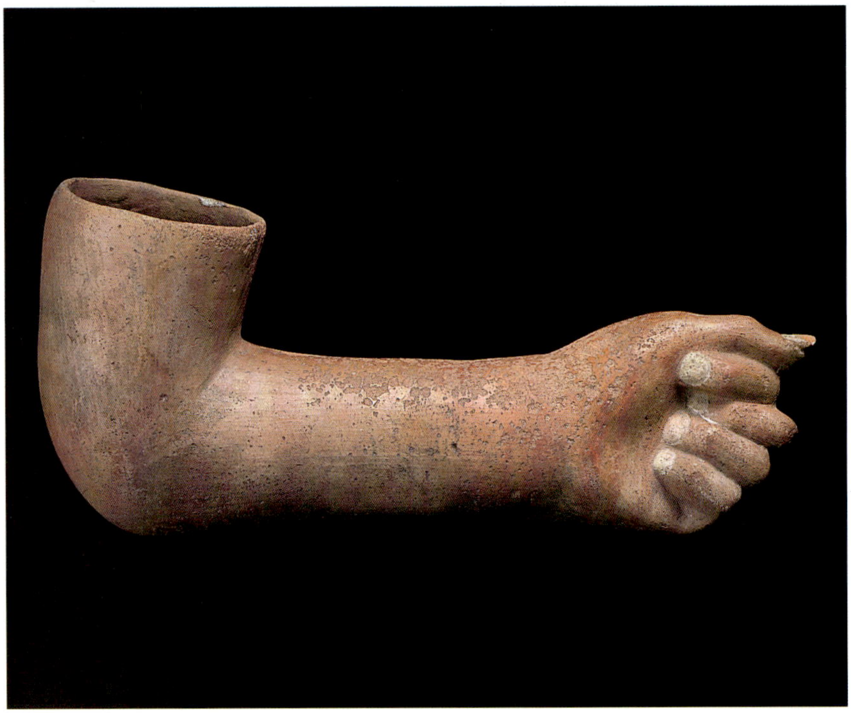

073. VASE-BRAS

M.f.V. - Berlin VA 48175 K93
Terre cuite
Longueur: 29,7 cm

Culture mochica
Intermédiaire ancien
100 a.C. - 600 p.C.

Le membre illustré a la particularité de porter, sur le pouce, un ongle allongé. Le majeur forme une légère saillie par rapport aux autres doigts repliés. Cette position a sans doute une signification symbolique (074).

074. VASE-BRAS

M.A.U.N. - Trujillo U 1355
Terre cuite
Hauteur: 28 cm; largeur: 12 cm

Culture mochica
Probablement phase III
Intermédiaire ancien
100 a.C. - 600 p.C.

Cette position de la main est associée par certains auteurs à des scènes de montagne. Il ne s'agit pas de la représentation d'un poing comme pour la pièce 070 mais bien d'une main à demi fermée, le majeur émergeant des quatre autres doigts. Ce geste de la main, souvent isolé, est parfois présent sur des scènes à caractère érotique. Néanmoins, le symbole de ce majeur saillant est celui d'un pic de montagne dominant un paysage montagneux représenté par le reste de la main fermée.

075. PERLE CEPHALOMORPHE

A.I. - Chicago 55.2524
Fonds Buckingham
Os
Hauteur: 2,5 cm; largeur: 2,5 cm

Culture mochica
Intermédiaire ancien
100 a.C. - 600 p.C.

Les artistes mochicas semblent avoir toujours privilégié la représentation tridimensionnelle sur les vases en terre cuite. La malléabilité de la terre, qui permet de reprendre une erreur, devait avoir orienté les artisans vers le choix de ce matériau plastique. Cependant, les sculpteurs de cette culture n'ont pas dédaigné de tailler des matières plus dures comme le bois et l'os. L'oeuvre présentée, malgré ses dimensions réduites, est d'un réalisme aussi puissant que celui des vases-portraits produits par la même culture.

076. PROPULSEUR

R.v.V. - Leiden 37.88-3
Bois, os et corde
Hauteur: 7,6 cm; longueur: 50 cm

Culture mochica
Intermédiaire ancien
100 a.C. - 600 p.C.

La scène évoquée par ce crochet de propulseur est semblable à la suivante (077). Cependant, une observation attentive du sujet représenté montre quelques particularités intéressantes à signaler. Si le protagoniste principal est bien le félin, la position dans laquelle l'artiste mochica l'a représenté différe du suivant. En effet, les pattes postérieures, au lieu d'agripper la tête tenue par les pattes antérieures, sont rejetées latéralement, montrant le félin dans une curieuse attitude. D'autre part, la tête coupée qu'il tient ne présente qu'une lointaine similitude avec celle d'un homme. Il semblerait plutôt qu'il s'agisse d'une tête d'animal, peut-être celle d'un camélidé ou d'un de ces animaux traqués au cours des chasses rituelles (cerfs, renards...).

077. PROPULSEUR

G.E.M. - Göteborg 32.2.60
Bois, os et corde
Hauteur: 8 cm; longueur: 54,5 cm

Culture mochica
Intermédiaire ancien
100 a.C. - 600 p.C.

Comme l'oeuvre précédente, le crochet de ce propulseur démontre la maîtrise des sculpteurs mochicas. La scène représentée associe un félin et une tête-trophée, ce qui permet de la situer dans un contexte religieux. En effet, l'image du félin associée au prisonnier que l'on sacrifie (souvent par décapitation) figure dans le répertoire iconographique mochica et nous pousse à croire que la scène ici présente est en rapport avec ce rite.

078. INSTRUMENT DE TRAVAIL

M.f.Vo. - Wien 147.698
Os
Longueur: 16 cm

Culture mochica
Intermédiaire ancien
100 a.C. - 600 p.C.

Cet outil peut avoir eu deux fonctions différentes: pour certains il s'agirait d'une spatule, instrument utilisé pour le modelage d'un matériau plastique comme la terre glaise, alors que d'autres l'identifient à un instrument destiné à tasser les fils de trame sur le métier à tisser. Néanmoins, plus que son usage, c'est la décoration de l'objet qui constitue son intérêt majeur. De haut en bas, on note la présence de trois protagonistes qui sont un oiseau, un homme et une tête humaine. Le premier pique du bec la tête du second, un peu à la manière des scènes où un homme prisonnier est attaqué et dépecé par des rapaces (des busards?). La seule différence est l'absence de liens retenant le second personnage. Le troisième élément, la tête humaine isolée, apparaît comme une tête-trophée sur laquelle est assis le deuxième protagoniste.

079. PROPULSEUR

G.E.M. - Göteborg 32.16.190
Bois, corde, lapis-lazuli

Culture mochica
Intermédiaire ancien
100 a.C. - 600 p.C.

Le propulseur, à l'égal de la massue-épieu, constitue une arme de choix pour les guerriers et les chasseurs mochicas. Ce sont ces derniers surtout qui en font le plus large usage lors des chasses rituelles. L'importance de cet instrument est attestée par le soin apporté à sa confection ainsi qu'au crochet sculpté qui orne l'une des deux extrémités. Si les deux crochets antérieurs associent un félin et une tête coupée, la représentation se limite ici à un buste humain. Le personnage porte une coiffe en forme de toque. Celle-ci semble sa seule parure si l'on excepte les incrustations de lapis-lazuli qui ornent le visage à la manière d'une peinture faciale. La taille, fort sobre, s'est limitée à quelques détails physionomiques saillants. Le résultat contraste avec le rendu plus réaliste d'autres oeuvres mochicas.

080. FLUTE ANTHROPOMORPHE

M.B.C.R. - Lima A.HU. 3141
Os
Longueur : 13,4 cm

Culture mochica
Intermédiaire ancien
100 a.C. - 600 p.C.

La panoplie des instruments de musique andins préhispaniques se limite à quelques types tels le tambour, la flûte de Pan et la *quena*. Cette dernière est une flûte d'un type particulier car son embouchure n'est qu'une simple entaille arrondie qui nécessite de la part du musicien qui l'emploie un mouvement de bouche approprié pour obtenir un son. Selon certains musicologues, l'échelle musicale andine serait pentatonique, une caractéristique vraisemblable lorsque l'on analyse la construction des divers instruments. Le motif décoratif est constitué par la représentation d'un squelette ; le crâne est modelé de façon plus réaliste que le corps dont les côtes sont simplement gravées. Les représentations macabres furent un sujet de prédilection des artisans mochicas. Ainsi, certaines scènes qui évoquent nos danses macabres, sont-elles animées de squelettes musiciens, jouant de ces divers instruments. Même les scènes érotiques voient la participation de ce type de personnage.

081. CROCHET DE PROPULSEUR (?)

M.B.C.R. - Lima A.HU. 3155
Os
Hauteur: 7,5 cm

Culture mochica
Intermédiaire ancien
100 a.C. - 600 p.C.

Cet objet, peut-être improprement identifié comme un crochet de propulseur, est orné de deux personnages curieusement disposés en Y. Il est probable que, pour répondre à la fonction de cet objet, le sculpteur ait eu recours à cette disposition des deux protagonistes. Le personnage principal, du moins par ses dimensions, est un joueur de tambour. Ses yeux sont fermés, ce qui laisserait supposer qu'il est aveugle. Cette supposition est renforcée par le fait que sur bon nombre de représentations, les tambourinaires mochicas semblent atteints de cécité.

082. VASE-PORTRAIT

A.I. - Chicago 55.2340
Fonds Buckingham
Terre cuite
Hauteur: 30,5 cm

Culture mochica
Phase IV
Intermédiaire ancien
100 a.C. - 600 p.C.

Certains vases-portraits constituent probablement les plus beaux chefs-d'oeuvre de l'art mochica et même péruvien. Ils sont empreints d'un naturalisme qui classe l'art mochica parmi les arts classiques de l'humanité. Aujourd'hui, nous savons que cette production fut extrêmement variée et que l'on y rencontre tous les types et toutes les qualités, depuis les visages les plus expressionnistes jusqu'aux plus réalistes. Chez ce personnage, portant le classique couvre-nuque retenu par une sorte de calotte, le tout orné de motifs géométriques peints, le motif le plus particulier est cette fleur posée sur le devant de la coiffe et dont le pistil s'incurve pour venir épouser harmonieusement la courbe de l'anse en étrier.

083. STATUETTE ANTHROPOMORPHE

M.R.A.H. - Bruxelles AAM 39.9
Terre cuite
Hauteur: 37,8 cm; largeur: 26,3 cm

Culture mochica
Phase IV
Intermédiaire ancien
100 a.C. - 600 p.C.

Cette admirable statuette anthropomorphe mochica représente sans doute un guerrier. En effet, les différents éléments de la parure sont typiques des attributs portés par les guerriers mochicas. Ainsi, la coiffure qui ceint la tête semble être une dépouille de félin, semblable à celle de la pièce 060. Les oreilles disparaissent sous d'immenses disques qui devaient, outre le fait de parer, protéger cette partie contre les coups des massues-épieux. Le pectoral qui recouvre les épaules est décoré d'images du démon crêté, un être associé à la lune. Le reste de la tenue se limite à une chemise et un petit pagne. Les dimensions de l'oeuvre et la qualité des parures, notamment le pectoral, sont autant d'éléments qui permettent de supposer que nous sommes devant un guerrier d'importance.

084. VASE-PORTRAIT

M.A. - Madrid 1001
Collection Gouvernement du Pérou
Terre cuite
Hauteur: 27,5 cm; largeur: 14 cm

Culture mochica
Phase IV
Intermédiaire ancien
100 a.C. - 600 p.C.

Ce vase-portrait représente la tête d'un personnage masculin, aux traits bien marqués. Une perforation singularise le modelé du nez, particulièrement soigné. D'autres perforations apparaissent aux oreilles. Ce type de vase est caractéristique de la céramique mochica au moment de sa splendeur, lorsque l'oeuvre se convertit en un véritable modèle sculptural. Ces vases perpétuaient le caractère rituel puisqu'ils accompagnaient les défunts dans leurs tombes. (A.M.G.)

085. VASE-PORTRAIT

M.R.A.H. - Bruxelles AAM 52.11
Terre cuite
Hauteur: 31,2 cm; largeur: 15,2 cm

Culture mochica
Phase IV
Intermédiaire ancien
100 a.C. - 600 p.C.

Ce superbe vase-portrait, plus encore que le précédent, démontre la maîtrise de la sculpture chez l'artiste mochica. Sous un couvre-chef composé d'une calotte ornée de motifs de poissons et d'un couvre-nuque, apparaît un visage d'une harmonie surprenante. Tous les traits de cette physionomie dénotent la majesté du personnage. Le soin apporté à sa représentation doit probablement correspondre à son rang au sein de la société mochica. Toutefois, l'oeuvre est aujourd'hui incomplète. En effet, une perforation du septum signale l'existence, à l'origine, d'un ornement de nez (*nariguera*), probablement en métal précieux.
La qualité d'exécution de ces oeuvres les a apparentées à de véritables portraits, c'est-à-dire à des représentations de personnages authentiques qui auraient probablement joué un rôle important dans la société mochica. Ces vases auraient été déposés dans les tombes pour représenter l'image de celui qui y était enterré. Cette interprétation fut longtemps acceptée par la plupart des archéologues passionnés par cette culture. Cependant, les fouilles qui suivirent permirent la mise au jour de vases-portraits identiques mais provenant de tombes différentes. Dès lors, il devint difficile de croire que ces récipients avaient été l'image du défunt.

086. MASQUE

M.f.V. - Berlin VA 18057 K90
Terre cuite
Hauteur: 21,5 cm; largeur: 21 cm

Culture mochica
Intermédiaire récent
100 a.C. - 600 p.C.

Les masques, peu nombreux parmi les vestiges mochicas, étaient réalisés le plus souvent en terre cuite et en métal. Rares sont ceux qui représentent un visage complet puisque les fouilles de Sipan ont permis de mettre au jour des masques de bouche cachant le bas du visage. Néanmoins, les nombreuses représentations, tant sur les scènes peintes qu'en ronde-bosse, montrent un grand nombre de personnages mêlant traits zoomorphes et humains; ceci nous porterait à croire qu'il pourrait s'agir de personnages importants de la société mochica ayant revêtu la tenue et le masque d'une divinité. Sur ce masque, les traits sont ceux de la principale divinité du panthéon mochica: Ai Apaec, le dieu aux crocs saillants.

087. VASE ANTHROPOMORPHE
A ANSE-GOULOT EN ETRIER

M.B.C.R. - Lima ACE. 426
Terre cuite
Hauteur: 16 cm

Culture mochica
Phase I
Intermédiaire ancien
100 a.C. - 600 p.C.

L'ensemble de quatre personnages présentés ici démontre bien la production en «série» des céramistes mochicas. Cependant, dans ce cas, il ne s'agit pas de pièces sorties d'un même moule mais bien de productions différentes évoquant le même personnage. Seuls les détails de parures permettent de distinguer chaque individu.

088. VASE ANTHROPOMORPHE
A ANSE-GOULOT EN ETRIER

M.B.C.R. - Lima ACE. 424
Terre cuite
Hauteur: 16,5 cm

Culture mochica
Phase I
Intermédiaire ancien
100 a.C. - 600 p.C.

Les plumets ornant latéralement la coiffe ainsi que les yeux représentés en creux permettent de distinguer cette oeuvre des trois autres.

089. VASE A ANSE-GOULOT EN ETRIER

M.B.C.R. - Lima ACE. 423
Terre cuite
Hauteur: 17 cm

Culture mochica
Phase I
Intermédiaire ancien
100 a.C. - 600 p.C.

Lors des fouilles récentes de Sipan, de nombreux exemplaires d'un même personnage ont pu être découverts, associés à un contexte archéologique précis.

090. VASE ANTHROPOMORPHE A ANSE-GOULOT EN ETRIER

M.B.C.R. - Lima ACE. 429
Terre cuite
Hauteur: 14 cm

Culture mochica
Phase I
Intermédiaire ancien
100 a.C. - 600 p.C.

Durant les premières phases de la culture mochica, les yeux incrustés, de turquoise ou d'une autre matière, constituent une caractéristique stylistique.

091. VASE ZOOMORPHE A ANSE-GOULOT EN ETRIER

M.B.C.R. - Lima ACE. 297
Terre cuite
Hauteur: 21,8 cm

Culture mochica
Phase I
Intermédiaire ancien
100 a.C. - 600 p.C.

Les gastéropodes, comme l'escargot (*Scutalus* sp.) représenté ici, semblent avoir joué un rôle important dans la société mochica. Cette importance est illustrée par les nombreuses scènes de cueillette peintes sur les vases des phases postérieures, notamment ceux de la phase IV. Les collecteurs qui participent à cette activité sont revêtus d'atours et de parures qui signalent que cette activité est autre chose qu'une simple scène de ramassage de gastéropodes. Comme pour les chasses de cervidés, le ramassage d'escargots comportait un caractère cérémoniel indubitable.

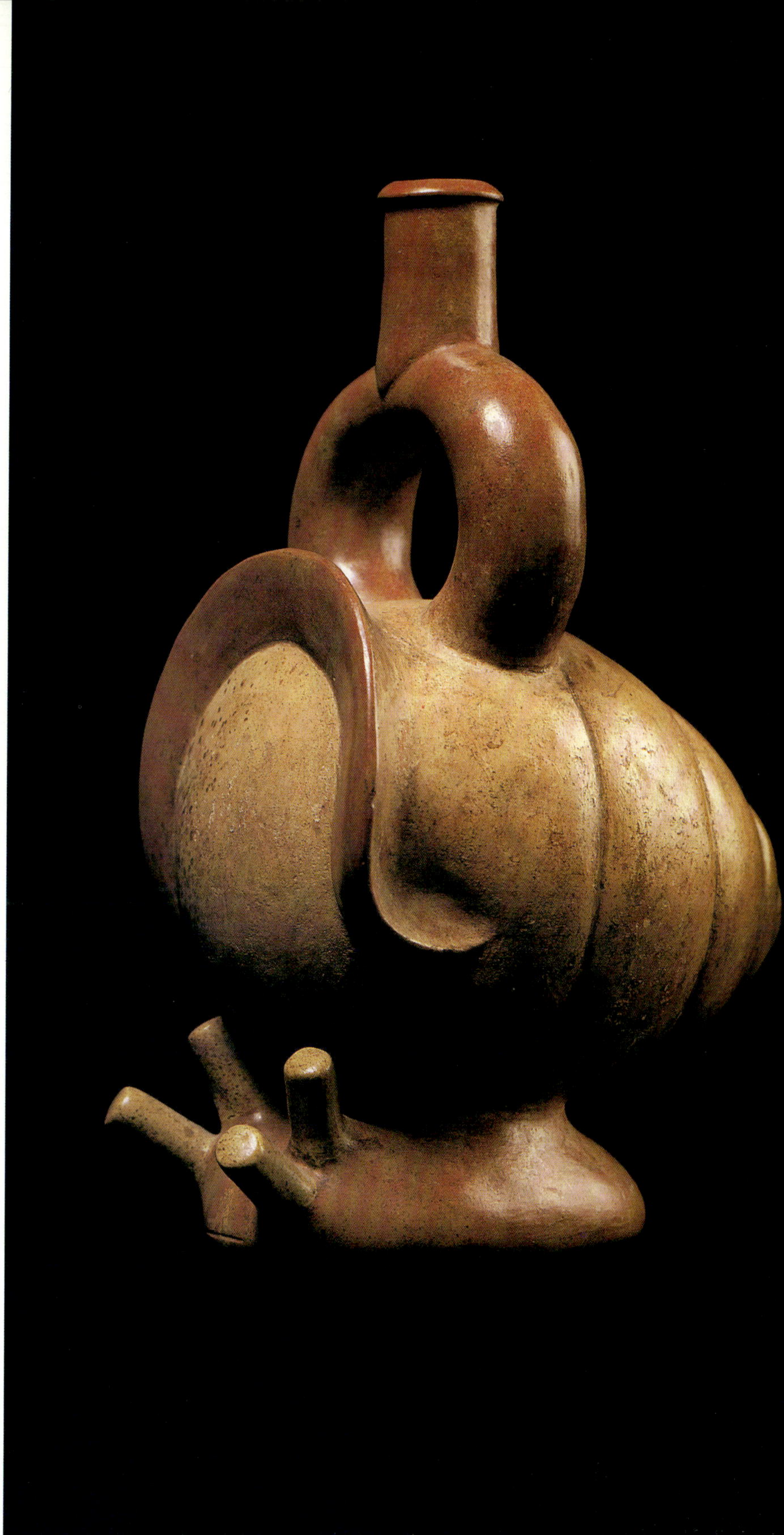

092. VASE A SCENE PEINTE

A.I. - Chicago 1955.2680
Fonds Buckingham
Terre cuite
Hauteur: 25,1 cm

Culture mochica
Phase IV
Intermédiaire ancien
100 a.C. - 600 p.C.

Les scènes illustrant le monde des marais et ses habitants ornent très souvent les vases de cette forme que nous avons dénommés vases à anse-goulot en étrier et goulot factice. Une relation forme - décor existerait-elle dans ce cas? Il semblerait qu'une partie de ces vases associe précisément ces deux éléments. Néanmoins, d'autres vases de cette forme sont décorés d'autres motifs, notamment de panoplies guerrières.
Une seconde caractéristique de ce type de scène, appartenant à la phase IV, concerne la répartition du décor sur la moitié supérieure de la panse et la présence de batraciens (des grenouilles ou des crapauds) en haut-relief.

093. VASE ZOOMORPHE A ANSE-GOULOT EN ETRIER

M.B.C.R. - Lima ACE. 579
Terre cuite
Hauteur: 17,5 cm

Culture mochica
Phase I ou II
Intermédiaire ancien
100 a.C. - 600 p.C.

Les batraciens ne semblent figurer que dans les scènes de marais où, à l'inverse des autres animaux, ils sont représentés en haut-relief.
De cela, il subsiste comme une impression d'impossibilité pour l'artiste mochica de représenter cet animal en deux dimensions.

094. VASE ZOOMORPHE A ANSE-GOULOT EN ETRIER

M.R.A.H. - Bruxelles AAM 39.106
Terre cuite
Hauteur: 14,4 cm; longueur: 12,9 cm

Culture mochica
Phase I ou II
Intermédiaire ancien
100 a.C. - 600 p.C.

Cette grenouille (ou crapaud) présente la particularité d'être bichrome, une moitié étant de couleur grise - la couleur de l'engobe de fond -, l'autre de couleur brune. Le rôle de la grenouille est mal connu chez les Mochicas. Il serait facile d'associer sa présence à un culte de l'eau. Or, les rites aquatiques sont généralement liés à la pluie, un phénomène climatique extrêmement rare sur la côte nord du Pérou. Tout au plus peut-on penser que sa présence est due à la montée des eaux des rivières, au moment de la fonte des neiges dans la *sierra*, un moment qui correspond aussi à l'irrigation des champs. Dans ce cas, la présence du batracien peut s'expliquer ainsi que sa représentation.

095. TROMPETTE ZOOMORPHE

P.M.A.E. - Cambridge 46-77-30/5016
Terre cuite
Hauteur: 14 cm; longueur: 37 cm

Culture mochica
Phase IV
Intermédiaire récent
100 a.C. - 600 p.C.

Les trompettes mochicas ont fait l'objet de soins de la part des céramistes. Leur décoration, le plus souvent des représentations de jaguar ou de perroquet, tous deux des animaux de la *selva*, montrent l'importance de cet instrument lors de cérémonies. Du point de vue de sa facture, la trompette mochica se distingue de son homologue Nazca (134) par sa forme enroulée; celles de la côte sud sont toutes rectilignes. Cette façon de construire l'instrument de musique permet d'obtenir un son grave sans devoir utiliser une trompette droite trop longue, c'est-à-dire malaisée à manipuler. Fait étrange, les rares représentations de trompettistes apparaissent sur des sifflets anthropomorphes. Le musicien porte les parures des personnages importants de la société mochica. Hormis ces illustrations, sur aucune scène peinte ou en bas-relief ne figure un homme soufflant dans une trompette.

096. VASE ZOOMORPHE A ANSE-GOULOT EN ETRIER

M.B.C.R. - Lima ACE. 302
Terre cuite
Hauteur: 20,5 cm

Culture mochica
Phase I
Intermédiaire ancien
100 a.C. - 600 p.C.

Le condor, l'oiseau le plus majestueux des Andes, est souvent représenté comme l'exécuteur du sacrifice où un homme est soumis aux attaques de son bec.

097. VASE ZOOMORPHE A ANSE-GOULOT EN ETRIER

M.A.U.N. - Trujillo U 2637
Terre cuite
Hauteur: 26 cm; longueur: 23 cm

Culture mochica
Phase IV
Intermédiaire ancien
100 a.C. - 600 p.C.

L'oiseau est probablement un aigle-harpie dévorant un serpent. Lui aussi participe à des sacrifices humains. En d'autres occasions, il est représenté peint, en train de consommer le contenu d'un bol déposé devant lui, un bol identique à celui qui sert à recueillir le sang des prisonniers sacrifiés.

098. VASE ZOOMORPHE A ANSE-GOULOT EN ETRIER

M.B.C.R. - Lima ACE. 350
Terre cuite
Hauteur: 18 cm; longueur: 14,5 cm

Culture mochica
Phase I
Intermédiaire ancien
100 a.C. - 600 p.C.

Les rapaces nocturnes, qu'ils soient hiboux ou chouettes, participent souvent, sous la forme d'êtres zoo-anthropomorphes, à des scènes qui évoquent des sacrifices ou la fameuse scène de présentation. L'espace nous manque pour développer le rôle de cet oiseau dans les diverses cérémonies. Soulignons seulement celle où il intervient comme sacrificateur de prisonniers en leur coupant la tête.
Le réalisme du rendu des animaux par les artistes mochicas, et plus particulièrement ceux œuvrant au début de cette culture, durant la phase I ou Moche-Vicús, atteint les qualités de la sculpture classique. Les oeuvres sont la conséquence d'une observation attentive du monde qui entoure l'artiste.

099. VASE ZOOMORPHE A ANSE-GOULOT EN ETRIER

R.J.M. - Köln 37829
Terre cuite
Hauteur: 26 cm

Culture mochica
Phase IV
Intermédiaire récent
100 a.C. - 600 p.C.

Les cervidés, et notamment les *tarucas*, sont souvent représentés la langue pendante. Un autre trait singulier est le dessin de l'oreille qui évoque celui d'une feuille d'arbre.
La chasse de cet animal semblait revêtir une grande importance chez les Mochicas: les scènes peintes montrent des chasseurs parés de leurs plus beaux vêtements, ce qui reflète probablement le rôle cérémoniel de cette activité.

100. VASE ZOOMORPHE A ANSE-GOULOT EN ETRIER

M.R.A.H. - Bruxelles AAM 39.40
Terre cuite
Hauteur: 20,5 cm; longueur: 20,3 cm

Culture mochica
Phase IV
Intermédiaire ancien
100 a.C. - 600 p.C.

Le renard a fait également l'objet de nombreuses représentations. Comme les cervidés, il peut être le gibier de ces chasses cérémonielles peintes sur les panses des vases. Encore une fois, soulignons la qualité sculpturale de ce vase dont le rendu réaliste dénote les dons d'observation de l'artiste mochica.

101. VASE ZOOMORPHE A ANSE-GOULOT EN ETRIER

M.R.A.H. - Bruxelles AAM 75.2
Terre cuite
Hauteur: 18,4 cm; longueur: 19,5 cm

Culture mochica
Phase I
Intermédiaire ancien
100 a.C. - 600 p.C.

Les félins, comme les singes, semblent être des animaux obtenus par les Mochicas lors d'échanges entre eux et des peuplades de la forêt amazonienne. Souvent, il apparaît comme un animal apprivoisé, portant une corde autour du cou, à la manière des prisonniers de guerre.
L'intérêt que les Mochicas accordent à cet animal se note également sur les coiffes des personnages importants qui semblent porter les dépouilles de ces animaux en guise de parure. Il ne faut pas oublier que les crocs du même animal sont les symboles d'un caractère divin.

102. VASE ZOO-PHYTOMORPHE A ANSE-GOULOT EN ETRIER

M.A.U.N. - Trujillo U 4382
Terre cuite
Hauteur: 19 cm

Culture mochica
Phase IV (probablement)
Intermédiaire ancien
100 a.C. - 600 p.C.

Les représentations de divinités composites, c'est-à-dire de personnages combinant traits zoomorphes et traits phytomorphes, sont relativement rares dans la production céramique mochica. Néanmoins, ces exemplaires, associés aux représentations de plantes comestibles telles les arachides, les tubercules, le maïs..., démontrent l'attachement d'une société agricole pour les produits de la terre. Sur cette oeuvre, l'image de l'animal est malaisément identifiable mais le reste du corps évoque certainement celui d'un tubercule.

103. SCENE MODELEE

P.M.A.E. - Cambridge
T1367 16-62-30/F722
Terre cuite
Hauteur: 15 cm; longueur: 18 cm

Culture mochica
Intermédiaire ancien
100 a.C. - 600 p.C.

104. SCENE MODELEE

P.M.A.E. - Cambridge
T1367 16-62-30/F722
Terre cuite
Hauteur: 16 cm; longueur: 18 cm

Ces deux scènes, qui opposent une divinité à une femme portant un enfant sur le dos, sont rares dans la production mochica. Quelques vases à panse parallèlipipédique aplatie comportent des scènes surnaturelles semblables et pourraient avoir incité un artiste mochica à produire des scènes indépendamment du support d'un récipient. L'analyse de la scène, en l'absence de données de caractère historique ou ethno-archéologique, est difficile à réaliser. Mais on peut s'étonner du geste du dieu aux crocs, portant une ceinture de serpent bicéphale, qui lance le pied droit en avant, en direction du ventre de la femme. Le geste de brutalité semble renforcé par celui des mains qui agrippent les tresses du personnage féminin. Cette scène, existant en deux exemplaires dans les collections d'un même musée, demeure fort curieuse; aucune scène peinte ne semble avoir illustré ce sujet, ce qui empêche toute tentative d'interprétation.

105. CONQUE A SCENE ZOO-ANTHROPOMORPHE

H.M.f.V. - Hamburg 49.2: 41
Terre cuite
Longueur: 19 cm

Culture mochica
Intermédiaire ancien
100 a.C. - 600 p.C.

Cette conque est la réplique parfaite d'un strombe, ce coquillage des côtes équatoriennes qui semble avoir fait l'objet d'échanges commerciaux entre les Mochicas et les populations de cette contrée. Cet instrument de musique pourrait avoir été l'apanage de «seigneurs», au même titre que les personnages porteurs de litières, les porteurs d'offrandes etc. Ici, l'objet est manifestement lié au monde religieux puisque l'on peut voir surgir de l'ouverture du coquillage le dieu aux crocs, peut-être porteur de la ceinture de serpent bicéphale. Une partie de ce dernier serait visible sur la paroi de l'instrument.

106. VASE ZOO-ANTHROPOMORPHE A ANSE-GOULOT EN ETRIER

L.M. - Stuttgart s.n.
Terre cuite
Hauteur: 28 cm

Culture mochica
Phase IV
Intermédiaire ancien
100 a.C. - 600 p.C.

L'image de renard précédemment décrite (100) nous a permis de signaler le rôle de cet animal lors des chasses cérémonielles. Ici, cette représentation nous montre que ce même animal appartenait au panthéon des dieux ou des «démons» mochicas. Ces oeuvres qui combinent traits animaux et traits humains posent la question de savoir s'il s'agit d'évocations du dieu lui-même ou de celles de prêtres ayant revêtu le masque du dieu animal.

107. VASE A SCENE DE CARACTERE RITUEL

M.A. - Madrid 1441
Terre cuite
Hauteur: 15 cm; largeur: 16,2 cm

Culture mochica
Intermédiaire ancien
100 a.C. - 600 p.C.

Ce vase, dont il manque l'anse-goulot en étrier, représente un être fantastique portant des traits de félin et de serpent. Ses pattes antérieures s'appuyent sur une tête humaine dont les yeux sont fermés et cousus. Le corps du récipient est orné sur chacune de ses faces d'une représentation de serpent-félin. La signification de cette représentation est complexe. Le thème du dragon mythique ornant la céramique mochica provient de la culture Recuay; il connaîtra un développement notable durant la période mochica et survivra à l'époque chimú. Fréquemment, le thème est associé à la forme lunaire bien qu'ici la présence de la tête-trophée momifiée puisse faire penser à une scène de sacrifice de type propitiatoire. (A.M.G.)

108. VASE A MOTIFS ZOO-ANTHROPOMORPHES

M.B. - Lambayeque MB 934
Terre cuite
Hauteur: 22,5 cm

Culture mochica
Phase IV
Intermédiaire ancien
100 a.C. - 600 p.C.

La production de céramique noire par les potiers mochicas semble être une résurgence de la production céramique de l'Horizon ancien. Ce retour aux sources de la culture Chavín fait son apparition durant la phase III. Si l'on exclut l'intérêt des artistes mochicas à réaliser une céramique de coloration différente, obtenue par la cuisson des récipients en atmosphère réductrice, l'hypothèse qu'il s'agisse de vouloir imiter les récipients de métal est souvent avancée. Mais l'intérêt majeur de l'oeuvre demeure liée à son iconographie. Sur ce vase figure le démon-crabe, une divinité complexe, souvent opposé à de nombreux dieux du panthéon. Une autre particularité concerne la carapace «humanisée» par la présence d'un visage. On comprend mal cette présence humaine alors qu'une autre tête émerge du haut de la carapace. Les scènes peintes qui illustrent les combats cités plus haut nous montrent également un démon-crabe deux fois humains, par la tête sortant de la carapace et par le visage peint sur cette même partie. Ce dernier constitue d'ailleurs une particularité dans la peinture mochica puisqu'il est le seul à être représenter de face alors que les autres représentations humaines ou zoo-anthropomorphes le sont généralement de profil.

109. VASE A SCENE A ANSE-GOULOT EN ETRIER

M.B.C.R. - Lima ACE. 2975
Terre cuite
Hauteur: 22,3 cm; longueur: 29,5 cm

Culture mochica
Phase III-IV
Intermédiaire ancien
100 a.C. - 600 p.C.

La scène illustrée par ce vase comprend un personnage naviguant sur un *caballito de totora*, une embarcation construite en jonc dont les pêcheurs actuels de la côte nord du Pérou font encore usage. Cependant, la scène évoquée par ce vase est indubitablement empreinte de caractère divin. En effet, en observant attentivement le rameur, on peut noter la présence de crocs saillants, un symbole qui confère un statut divin au personnage. Cet aspect divin de la représentation est encore accentué par l'embarcation ichtyomorphe à la proue de laquelle est liée une femme. Un second personnage féminin est assis derrière le dieu. L'ensemble pourrait signifier qu'il s'agit d'une scène de sacrifice, peut-être associée au monde marin.
Il est peut-être utile d'évoquer l'importance de ces *caballitos de totora* qui permirent à d'intrépides marins mochicas de longer les côtes du Pacifique, notamment pour se procurer le guano, un fertilisant naturel recouvrant les îles de la côte sud du Pérou. En effet, sur ces îles furent retrouvés des vases de la culture mochica.

110. VASE TRIPODE A DECOR PEINT

M.f.Vo. - Wien 164.319
Terre cuite
Diamètre: 16,5 cm

Culture Cajamarca
Phase Cajamarca III - Style cursif
Intermédiaire ancien
400 - 800 p.C.

Une des particularités de la céramique Cajamarca est l'existence des vases tripodes, une forme qui ne rencontra de succès que chez les potiers Cajamarca.

111. PLAT A DECOR PEINT

M.R.A.H. - Bruxelles AAM 73.21
Terre cuite
Hauteur: 7,4 cm; diamètre: 21,2 cm

Culture Cajamarca
Phase Cajamarca III - Style cursif
Intermédiaire ancien
400 - 800 p.C.

Extérieurement, le récipient est orné d'un motif probablement d'inspiration végétale qui se ramifie sur toute la surface verticale. Sur le fond interne, un motif stylisé semblant évoquer un animal est enfermé dans un cercle de motifs géométriques. Sur la paroi verticale, deux bandeaux d'un motif en dents de loup complètent la décoration.

112. VASE TRIPODE A DECOR PEINT

M.f.Vo. - Wien 164.327
Terre cuite
Hauteur: 10 cm; diamètre: 13 cm

Culture Cajamarca
Phase Cajamarca III - Style cursif
Intermédiaire ancien
400 - 800 p.C.

Les potiers Cajamarca ont utilisé le kaolin pour fabriquer leur céramique, lui conférant ainsi sa coloration blanchâtre, parfois utilisé directement comme fond pour les motifs peints en noir et/ou en orange.

113. PLAT A DECOR PEINT

M.R.A.H. - Bruxelles AAM 73.22
Terre cuite
Hauteur: 7,3 cm; diamètre: 21,3 cm

Culture Cajamarca
Phase Cajamarca III - Style cursif
Intermédiaire ancien
400 - 800 p.C.

Par sa forme, ce vase rappelle celui décrit ci-dessus (111). Cependant, la décoration de la paroi verticale externe diffère; elle est composée de motifs scalaires enfermés dans des rectangles. Les dimensions fort proches entre ces deux vases pourraient nous permettre de supposer qu'ils sont l'oeuvre d'un même céramiste.

114. VASE ZOOMORPHE A DOUBLE GOULOT RELIE PAR UNE ANSE PONTEE

L.M. - Stuttgart M30151
Terre cuite
Hauteur: 14,3 cm

Culture Lima
Style Nievería
Intermédiaire ancien
1 - 500 p.C.

Le vase illustre un couple d'oiseaux, peut-être le mâle et la femelle, exécutés en ronde-bosse. Les rondeurs du corps ainsi que le dessin du plumage semblent être caractéristiques de la perdrix, un oiseau qui joua un rôle important, par son abondance, chez les populations ayant développé leur culture dans les *lomas*, ces oasis saisonnières typiques du désert péruvien. La présence des deux goulots reliés par une anse pontée permet d'attester une fois de plus l'influence de la culture Nazca sur la culture Lima.

115. VASE A SCENE ZOOMORPHE EN RELIEF

M.N.A.A. - Lima C.54731 35068 (1737)
Terre cuite
Hauteur: 13,8 cm; diamètre: 17,7 cm

Culture Lima
Style Nievería
Intermédiaire ancien
1 - 500 p.C.

La culture Lima, par la position géographique qu'elle occupa, subit l'influence des deux grandes traditions artistiques de l'Intermédiaire ancien. La représentation sculpturale du rapace tenant un serpent dans son bec présente d'étonnantes similitudes avec le vase mochica précédemment décrit (097). Mais la polychromie venant achever la représentation du sujet et orner l'épaule du vase sont autant de traits stylistiques puisés dans la tradition de la côte sud, chez les Nazca.

116. BOL A DECOR EN BAS-RELIEF

M.N.A.A. - Lima 10/4G-106, 175
Pierre
Hauteur: 7,2 cm; diamètre: 11,2 cm

Culture Recuay
Intermédiaire ancien
400 a.C. - 300 p.C.
Provenant de Pashash (Ancash)

Des traces apparaissant à l'intérieur du pied indiqueraient l'usage d'un plateau tournant (tournette ou tour pour certains auteurs) pour obtenir les parties creuses du récipient. Sur la paroi extérieure, deux personnages alternent avec deux représentations de félins. Cette association se répète sur les linteaux de pierre Recuay. Les yeux du personnage, levant les bras à la façon du Dieu-aux-Bâtons Chavín, sont incrustés de turquoise.

117. VASE A SCENE

M.B.C.R. - Lima ACE. 897
Terre cuite
Hauteur: 19 cm

Culture Recuay
Intermédiaire ancien
400 a.C. - 300 p.C.

Comme les vases à architecture des Mochicas, ceux réalisés par les potiers Recuay nous renseignent sur les modèles d'habitations de cette culture. Si les modèles mochicas se composaient habituellement de trois pans de murs surmontés d'un toit à double pente, les constructions Recuay semblent consister en édifices repartis autour d'un patio ou d'une cour. Cependant, force nous est de reconnaître qu'il est encore malaisé de distinguer les architectures religieuses de celles à caractère civil.

118. VASE-JAMBE A ANSE-GOULOT EN ETRIER

M.f.V. - Berlin VA 4751 (146) K98
Terre cuite
Hauteur: 15,3 cm; longueur: 21 cm

Culture Recuay
Intermédiaire ancien
400 a.C. - 300 p.C.

Pour la pièce précédente, nous avons déjà rappelé la similitude de thèmes iconographiques entre la culture Recuay et la culture mochica. Ce vase en forme de jambe humaine en apporte une preuve de plus ainsi que la présence de l'anse-goulot en étrier dont il ne fut pas fait grand usage par les potiers Recuay.
L'association de ce membre humain avec un motif aviforme posé sur le pli du genou demeure mystérieuse. Sur le genou, figure l'image du démon à crête, autre symbole rencontré chez les Mochicas.

119. VASE A DECOR ZOO-ANTHROPOMORPHE PEINT ET EN RELIEF

M.f.Vo. - Wien 144.134
Terre cuite
Hauteur: 22 cm; diamètre: 18 cm

Culture Recuay
Intermédiaire ancien
400 a.C. - 300 p.C.

Tant d'un point de vue technique qu'iconographique, ce vase appartient à un groupe qui semble avoir connu la préférence de la société Recuay. En effet, on ne compte plus les vases dispersés dans les collections qui se présentent sous cette forme, c'est-à-dire qui combinent la présence d'un être humain à la tête exécutée en haut-relief et de deux félins situés de part et d'autre. Le corps de ces derniers est peint sur la panse du vase alors que leur tête émerge en haut-relief. La coiffure du personnage assure également la fonction de bec verseur.
Sur la surface de la panse située sous l'être humain, deux dragons à crête s'affrontent de part et d'autre d'un double trait vertical. Autour des deux motifs, d'autres sujets rappellent les serpents ou les poissons entrelacés des décorations architectoniques de certains édifices.

120. VASE ZOOMORPHE

M.N.A.A. - Lima 10/4.58
Terre cuite
Hauteur: 11 cm; longueur: 21,3 cm

Culture Recuay
Intermédiaire ancien
400 a.C. - 300 p.C.
Provenant de Pashash (Ancash)

Ce vase semble illustrer le serpent-félin, être mythique déjà rencontré sur certains vases mochicas.
La forme générale du récipient est celle d'un serpent mais la présence d'oreilles et de crocs s'emboîtant dans la gueule, traits apparaissant généralement chez le félin, en font un animal mythique.

121. VASE ZOOMORPHE

M.A. - Madrid 8421
Collection Larco Herrera
Terre cuite
Hauteur: 8,5 cm; largeur: 14 cm

Culture Recuay
Intermédiaire ancien
400 a.C. - 300 p.C.

Le vase de forme annulaire est pourvu d'une anse pontée unissant le corps du récipient à la figure zoomorphe. Des motifs géométriques complètent la décoration. (A.M.G.)

122. VASE A MANCHE

M.N.A.A. - Lima 10/1
Terre cuite
Hauteur: 5,7 cm; diamètre: 18 cm

Culture Recuay
Intermédiaire ancien
400 a.C. - 300 p.C.
Provenant de Pashash (Ancash)

Le décor peint en noir sur fond blanc orne l'extérieur et l'intérieur du récipient. Le motif représente apparemment un oiseau associé à un motif scalaire.

123. VASE ZOOMORPHE

M.N.A.A. - Lima 10/4.55
Terre cuite
Hauteur: 14,5 cm; longueur: 16,5 cm

Culture Recuay
Intermédiaire ancien
400 a.C. - 300 p.C.
Provenant de Pashash (Ancash)

De prime abord, le vase évoque un félin dont la tête caractéristique émerge cependant d'un «corps» faisant penser à un serpent lové. Toute la surface est couverte de motifs géométriques peints.

124. VASE ZOOMORPHE

M.N.A.A. - Lima 10/4.51
Terre cuite
Hauteur: 13 cm; longueur: 16 cm

Culture Recuay
Intermédiaire ancien
400 a.C. - 300 p.C.
Provenant de Pashash (Ancash)

Contrairement au vase précédent dont seule la tête était celle d'un félin, ce récipient représente le même animal dans son entièreté: le corps de l'animal constitue la panse du vase sur laquelle figurent en relief les pattes. La surface est ornée de motifs géométriques peints.

125. STATUE ANTHROPOMORPHE

M.A.R. - Huaraz MAA - Z (3)
Pierre
Hauteur: 89 cm

Culture Recuay
Style Aija
Intermédiaire ancien
400 a.C. - 300 p.C.

126. STATUE ANTHROPOMORPHE

M.A.R. - Huaraz MAA 46 (12)
Pierre
Hauteur: 95 cm

Culture Recuay
Style Aija
Intermédiaire ancien
400 a.C. - 300 p.C.

127. STATUE ANTHROPOMORPHE

M.A.R. - Huaraz 19
Pierre
Hauteur: 85 cm

Culture Recuay
Style Aija
Intermédiaire ancien
400 a.C. - 300 p.C.

La sculpture en pierre est une production typique de la culture Recuay. Sa présence est signalée dans tout le Callejón de Huaylas ainsi qu'à Aija, sur le versant occidental de la Cordillera Negra. Une analyse stylistique de ces sculptures a permis d'identifier trois périodes chronologiques ainsi que trois styles appelés Aija, Huaraz et Huántar, le troisième étant le moins important. Le style Aija est dominé par deux types de statues: des guerriers et des femmes. Toutes présentent la même disproportion de la tête, trop grande par rapport au corps, et certaines sont parées de coiffures complexes. Il est intéressant de signaler également la position des pieds. Les pièces 125 et 126 ont les pieds tournés vers l'extérieur alors que ceux de la statue 127 le sont vers l'intérieur.

128. TETE-TENON ANTHROPOMORPHE

M.A.U.N. - Trujillo U 997
Pierre
Hauteur: 38 cm; longueur: 43 cm

Culture Recuay
Intermédiaire ancien
400 a.C. - 300 p.C.

Parmi les têtes-tenons provenant de la vallée de Santa, plusieurs styles peuvent être distingués. Cette sculpture présente une forme qui s'inscrit dans un volume cubique. Néanmoins, les proportions des diverses parties sont équilibrées et font de cette oeuvre une pièce de qualité. La présence des disques d'oreilles et la forme de la coiffure suggèrent que le personnage est un guerrier.

129. TETE-TENON ANTHROPOMORPHE

M.A.R. - Huaraz MAA: 9 68
Pierre
Diamètre: 58 cm

Culture Recuay
Style Huaraz
Intermédiaire ancien
400 a.C. - 300 p.C.

Le sculpteur, auteur de cette oeuvre, a fait preuve d'une véritable tendance à la stylisation. Tous les traits du visage sont réduits à des formes géométriques simples: des cercles pour les yeux et les oreilles, un rectangle pour le nez et la bouche. Seules les «ailes» figurant sur la coiffe semblent montrer un peu plus de souplesse formelle.

130. TETE-TENON
ZOOMORPHE

M.A.R. - Huaraz MAA: 92
Pierre
Hauteur: 36 cm; longueur: 69 cm

Culture Recuay
Intermédiaire ancien
400 a.C. - 300 p.C.

La tête sculptée est celle d'un félin aisément identifiable par ses crocs saillants qui s'emboîtent et au museau. Apparemment le volume de la pierre a contraint le sculpteur Recuay à adapter les traits de l'animal à la forme de la pierre. En réalité, il ne s'agit pas à proprement parler de sculpture en ronde-bosse mais bien d'une technique de bas-relief tentant de donner l'illusion des trois dimensions.

131. TETE-TENON
ANTHROPOMORPHE

R.M. - Zürich
Pierre
Hauteur: 18 cm; longueur: 57 cm

Culture Recuay
Intermédiaire ancien
400 a.C. - 300 p.C.

Des têtes-tenons exposées, celle-ci est probablement la plus proche de la réalité. L'ovale du visage, l'arc des sourcils, le modelé des oreilles forment un tout qui n'empêche cependant pas de rendre cette tête très stéréotypée.
Toutes ces têtes-tenons, tant zoomorphes qu'anthropomorphes, venaient parer les murs des édifices, de la même façon que les têtes-tenons Chavín ornaient ceux du temple de Chavín de Huántar. L'existence de ces deux cultures dans la même région pourrait signifier que la plus ancienne, Chavín, influença celle de Recuay.

132. LINTEAU A DECOR
EN BAS-RELIEF

M.A.R. - Huaraz MAA 22 (5)
Pierre
Hauteur: 63 cm; longueur: 156 cm

Culture Recuay
Intermédiaire ancien
400 a.C. - 300 p.C.

Ce linteau, ou stèle - la fonction de cette œuvre n'étant pas clairement attestée -, comporte une scène qui réunit deux félins et un être humain. Les deux animaux ne sont pas clairement identifiables mais l'iconographie Recuay nous permet de supposer raisonnablement qu'il s'agit de félins de sexe masculin. Le personnage central, sculpté dans une position pour le moins étrange, mais qui rappelle celle des personnages représentés sur les statues, est apparemment nu, à l'exception de la tête qui porte une coiffure complexe. Dans la main gauche, il tient une tête-trophée pendant que la droite serre un objet devenu malheureusement non identifiable à la suite de la cassure de l'œuvre.

133. LINTEAU A DECOR EN BAS-RELIEF

M.A.R. - Huaraz MAA: 17
Pierre
Hauteur: 37 cm; longueur: 168 cm

Culture Recuay
Intermédiaire ancien
400 a.C. - 300 p.C.

La scène évoquée sur cette sculpture s'apparente à l'oeuvre précédente. Néanmoins, elle présente quelques caractéristiques qui permettent de l'individualiser. Sur le plan de la technique sculpturale, on notera que les deux têtes de félins ressortent en haut-relief de la surface du linteau. De plus, leurs attributs sexuels ainsi que leurs traits félins sont plus clairement marqués. Le personnage central est également plus aisé à identifier. Comme le précédent, il tient dans la main, la droite, une tête-trophée alors que la gauche, serrant une massue disparaît derrière un bouclier. Le sexe du personnage est nettement plus apparent. La coiffure, de type complexe, se compose de deux appendices terminés par une tête qui rappellent un tant soit peu les appendices du démon à crête.

134. TROMPETTE

M.Ar.R. - Ica DA 1063
Terre cuite
Hauteur: 36 cm

Culture Nazca
Phase Nazca 3
Intermédiaire ancien
100 - 700 p.C.

La trompette droite est un instrument de musique typique de la côte sud du Pérou. En effet, il semblerait que seule cette contrée ait utilisé ce modèle durant l'Intermédiaire ancien. Cependant, durant l'Horizon ancien, la culture Chavín fabriqua des trompettes droites en métal. La décoration peinte polychrome, située à l'extrémité inférieure, représente l'Etre Anthropomorphe Mythique tenant une tête-trophée dans la main.

135. VASE A DECOR PEINT POLYCHROME

M.A. - Madrid 8217
Terre cuite
Hauteur: 15,3 cm; diamètre: 12 cm

Culture Nazca
Phase Nazca 3
Intermédiaire ancien
100 - 700 p.C.

Sur ce vase globulaire au col cylindrique surmonté d'une large embouchure tronconique, figurent deux personnages identiques, diamétralement opposés, aux corps dessinés de profil et les têtes de face. Une grande langue pend de la bouche et ils portent sur le dos une tête-trophée. Le col est orné de motifs scalaires et de grecques. (A.M.G.)

136. TAMBOUR TRIPODE

M.B.C.R. - Lima ACE. 978
Terre cuite
Hauteur: 46 cm; diamètre: 28 cm

Culture Nazca
Phase Nazca 6
Intermédiaire ancien
100 - 700 p.C.

Cet instrument de musique constitue certainement le plus bel exemplaire de tambour produit par un artiste Nazca. La forme du tambour tripode n'est pas fréquente dans le répertoire des instruments musicaux Nazca, à l'inverse du tambour à fond arrondi que l'on fichait dans le sol pour qu'il tienne en place. Celui-ci, grâce à la présence des trois pieds, ne nécessitait pas une telle opération. La décoration peinte polychrome est répartie sur la «panse» de l'instrument ainsi que sur les trois pieds. Sur la panse, figure un être mythique accompagné d'autres personnages dont un félin à la patte levée, toutes griffes dehors, dans un geste de menace. Sur le fond de chaque pied est reproduite la même tête, différenciée uniquement par les couleurs. Dessinées d'un trait fort anguleux, elles sont représentées la bouche ouverte, montrant les dents, l'oeil entrouvert, les oreilles en forme de volute ornées de «pompons». Au-dessus de la tête semblent se dresser des rubans flottant au vent. D'autres rubans figurent autour de ces têtes ainsi que sur les parois obliques des pieds. Il est fort probable que ces trois têtes soient des têtes-trophées.

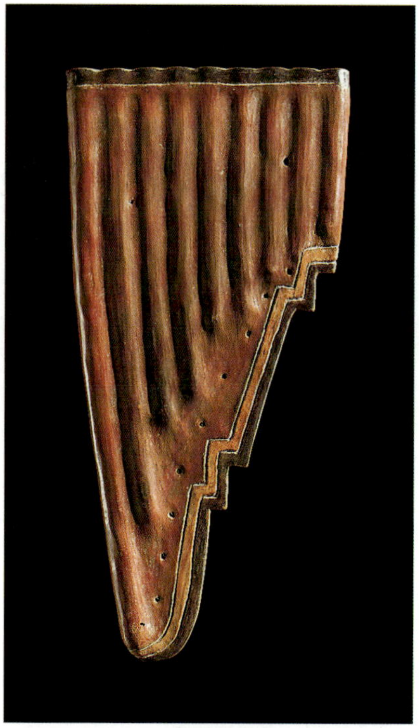

137. ENSEMBLE DE QUATRE FLUTES DE PAN

D.A.M. - Helsinki 911
Terre cuite
Hauteur: 25 cm

Culture Nazca
Intermédiaire ancien
100 - 700 p.C.

Ces quatre flûtes de Pan se composent chacune de neuf tubes. Par leur forme, elles se différencient de celles produites par les céramistes Paracas qui comportaient des tuyaux coudés. Les analyses musicologiques de ce type d'instrument ont démontré la maîtrise des Nazca pour obtenir des séries d'instruments respectant une même échelle musicale. La décoration des quatre instruments se limite à des effets de couleurs et à des motifs géométriques simples.

138. FLUTE DE PAN

D.A.M. - Helsinki 911
Terre cuite
Hauteur: 25 cm

Culture Nazca
Phase Nazca 3
Intermédiaire ancien
100 - 700 p.C.

Contrairement à l'ensemble des quatre flûtes de Pan précédentes, celle-ci ne se compose que de sept tuyaux. Elle comporte en outre deux perforations qui indiquent que l'instrument était probablement porté autour du cou au moyen d'un cordon. Elle se distingue également par la figure peinte qui représente l'Etre Anthropomorphe Mythique, mangeur de têtes-trophées. Il est probable que la confection de ces flûtes ait été réalisée au moyen de moules, ce qui permettait d'obtenir des instruments uniformes d'un point de vue sonore.

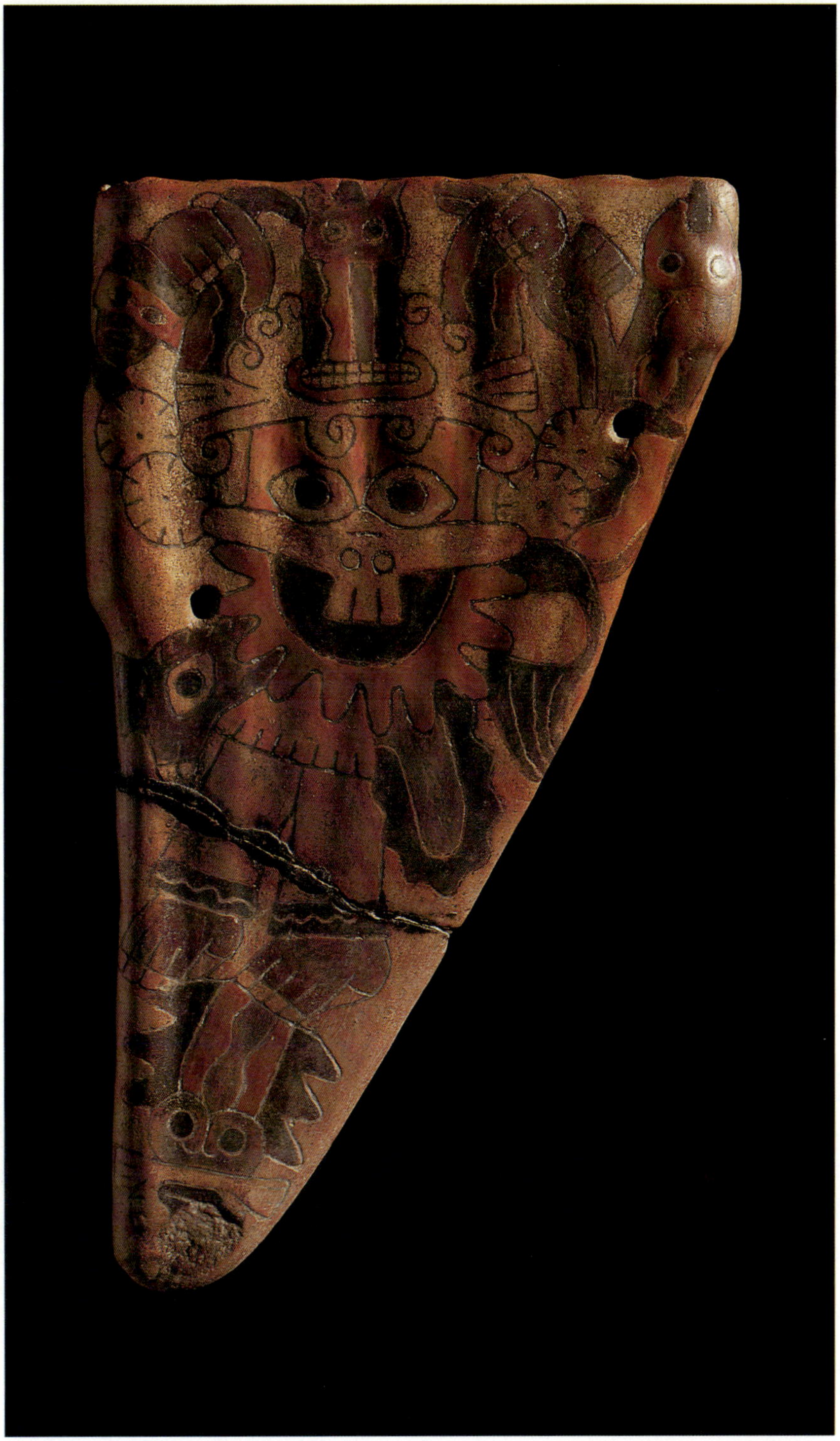

139. TAMBOUR

M.Ar.R. - Ica DA 407
Terre cuite
Hauteur: 52 cm; diamètre: 26 cm

Culture Nazca
Phase Nazca 3
Intermédiaire ancien
100 - 700 p.C.

La décoration de ce tambour, à la fois peinte et en relief, présente la particularité d'être vue à l'envers lorsque l'instrument était utilisé. Contrairement au tambour tripode qui reposait sur le sol, le fond arrondi de celui-ci nécessitait une surface meuble dans laquelle il pouvait être enfoncé.

140. TAMBOUR

M.Ar.R. - Ica DA 589
Terre cuite
Hauteur: 23 cm; diamètre: 17 cm

Culture Nazca
Phase Nazca 6/7
Intermédiaire ancien
100 - 700 p.C.

Ce tambour illustre lui-même un joueur de tambour représenté en ronde-bosse, une dimension artistique que les Nazca pratiquèrent très peu. Grâce à cela, il est possible de se rendre compte de la façon dont était utilisé l'instrument; manifestement, il était tenu d'une main pendant que de l'autre, le tambourinaire frappait la membrane tendue au moyen d'une baguette. Les représentations de musiciens chez les Nazca montrent que ceux-ci jouaient parfois simultanément de deux instruments, soit flûte de Pan et tambour, soit trompette et tambour.

141. VASE A TETES-TROPHEES MULTIPLES

H.M.f.V. - Hamburg 52.57: 241
Terre cuite
Hauteur: 21 cm

Culture Nazca
Intermédiaire ancien
100 - 700 p.C.

Ce récipient réunit à lui seul une série impressionnante de têtes-trophées, semblables dans leur style d'exécution mais portant chacune des caractéristiques propres. En effet, ce qui dut être des peintures faciales ou des tatouages varie, à l'observation de chaque tête, d'un individu à l'autre. Ces parures corporelles étaient peut-être l'identité même de l'individu qui les portait. Il est probable également qu'elles possédaient un contenu, une signification sur le plan social. L'identification de ces têtes à des têtes-trophées a parfois été contestée pour certaines représentations semblables à celles-ci; en effet, certains auteurs ont considéré qu'il existait une incompatibilité entre le fait que ce soient des têtes-trophées et la présence des yeux ouverts. Cependant, perpendiculaires à la bouche, on peut apercevoir ce qui semble être des épines ou des bâtonnets fermant la bouche. D'autre part, un fait plus incontestable permet d'avancer l'idée qu'il s'agit bien de têtes-trophées; des fouilles archéologiques ont permis effectivement de mettre au jour des têtes coupées qui avaient fait l'objet de préparations et de soins. L'iconographie vient également à l'aide de ceux qui identifient ces têtes comme des trophées. En effet, nombre de dieux du panthéon Nazca sont peints tenant une ou plusieurs de ces têtes-trophées. D'autres encore semblent dévorer ces mêmes têtes ou les portent sur le dos, parfaitement rangées. Au cours de l'histoire Nazca, il apparaîtrait que la phase 6 ait été celle qui a connu des bouleversements militaires importants ayant entraîné le développement de cette coutume.

142. TETE-TROPHEE

M.R.A.H. - Bruxelles AAM 5052
Terre cuite
Hauteur: 22,8 cm; diamètre: 15,6 cm

Culture Nazca
Phase Nazca 3
Intermédiaire ancien
100 - 700 p.C.

A l'inverse des têtes-trophées du vase précédent, cette tête ne porte aucun des éléments permettant de l'identifier comme tête-trophée; en effet, aucun bâtonnet ne ferme la bouche et les yeux en amande n'évoquent nullement les yeux mi-clos du lot de têtes précédentes. L'effort de modelage du potier Nazca s'est ici limité à donner un peu de relief au nez du personnage, respectant en cela la tradition méridionale.

143. TETE-TROPHEE

M.R.A.H. - Bruxelles AAM 46.7.154
Terre cuite
Hauteur: 14,7 cm; diamètre: 12,7 cm

Culture Nazca
Phase Nazca 3
Intermédiaire ancien
100 - 700 p.C.

A l'inverse des vases-portraits mochicas, empreints de réalisme, il est difficile de croire que l'artiste ait voulu ici représenter un personnage précis. Néanmoins, il est vrai que les peintures faciales - ou tatouages - peuvent avoir été les facteurs d'identification d'un personnage, à l'encontre de ses traits physionomiques.

144. TETE-TROPHEE

M.R.A.H. - Bruxelles AAM 5040
Terre cuite
Hauteur: 9,5 cm; diamètre: 8,3 cm

Culture Nazca
Phase Nazca 3
Intermédiaire ancien
100 - 700 p.C.

Les caractéristiques de cette tête sont comparables à celles des précédentes. Les peintures faciales entourent les yeux ainsi que le poutour de la bouche, à la manière d'une moustache et d'une barbiche.

145. TETE-TROPHEE

M.R.A.H. - Bruxelles AAM 5053
Terre cuite
Hauteur: 16,1 cm; diamètre: 12,4 cm

Culture Nazca
Phase Nazca 3
Intermédiaire ancien
100 - 700 p.C.

Peut-être plus soigneusement réalisée que les trois têtes précédentes, celle-ci n'en porte pas moins des caractéristiques identiques: motif peint soulignant les yeux, petits motifs quadrangulaires soulignant le bord de la coiffure à la manière de petites mèches, fines moustaches et un trait de barbichette sous la bouche.

147. VASE ANTHROPOMORPHE

G.E.M. - Göteborg GEM 32.16.37
Terre cuite
Hauteur: 26 cm; diamètre: 15 cm

Culture Nazca
Phase Nazca 3
Intermédiaire ancien
100 - 700 p.C.

Le port de l'ornement frontal et du masque de bouche en or, ainsi que la présence de diverses têtes-trophées permettent d'identifier ici l'Etre Mythique Anthropomorphe, probablement la divinité la plus ancienne de la tradition Paracas-Nazca puisqu'on la rencontre reproduite sur les mantes de Paracas Necrópolis.

148. VASE ANTHROPOMORPHE

P.M.A.E. - Cambridge
T 1357 09-3-30/75658
Terre cuite
Hauteur: 34 cm; diamètre: 21 cm

Culture Nazca
Intermédiaire ancien
100 - 700 p.C.

A l'image du frondeur (146), ce personnage illustre une autre classe de guerriers qui utilisait les javelines lancées au moyen d'un propulseur. Les premières, au nombre de trois, sont tenues dans la main droite pendant que la gauche serre le propulseur. Il est possible que de telles armes aient également été utilisées pour la chasse, ainsi que le faisaient les Mochicas.

146. VASE ANTHROPOMORPHE

S.M.f.V. - München X.929
Terre cuite
Hauteur: 35 cm

Culture Nazca
Intermédiaire ancien
100 - 700 p.C.

Parmi les personnages humains représentés par les potiers Nazca figurent les frondeurs, qui constituaient probablement un groupe guerrier particulier. La fronde n'apparaît pas seulement dans les mains du guerrier; en effet, une seconde est portée à la manière d'un bandeau, autour de la tête. Cette façon de faire s'est par ailleurs rencontrée dans les tombes, certains défunts ayant la tête ceinte d'une fronde.

147. VASE ANTHROPOMORPHE

148. VASE ANTHROPOMORPHE

149. VASE ANTHROPOMORPHE

R.v.V. - Leiden 32.77-10
Terre cuite
Hauteur: 16,5 cm

Culture Nazca
Intermédiaire ancien
100 - 700 p.C.

Si les trois personnages précédents étaient associés au monde de la guerre et au panthéon, cette représentation féminine illustre parfaitement une activité quotidienne. La femme entraîne un lama tenu par une corde passée autour du cou et des oreilles et porte une charge de bois sur le dos, charge qui est retenue par un bandeau passé autour du front. Cependant, la présence des peintures faciales (ou tatouages) et l'absence presque totale de toute autre scène à caractère profane dans la production Nazca nous incite à la prudence quant à l'interprétation de ce sujet. En effet, l'activité à laquelle se livre ce personnage pourrait être un service religieux dont nous avons perdu la signification.

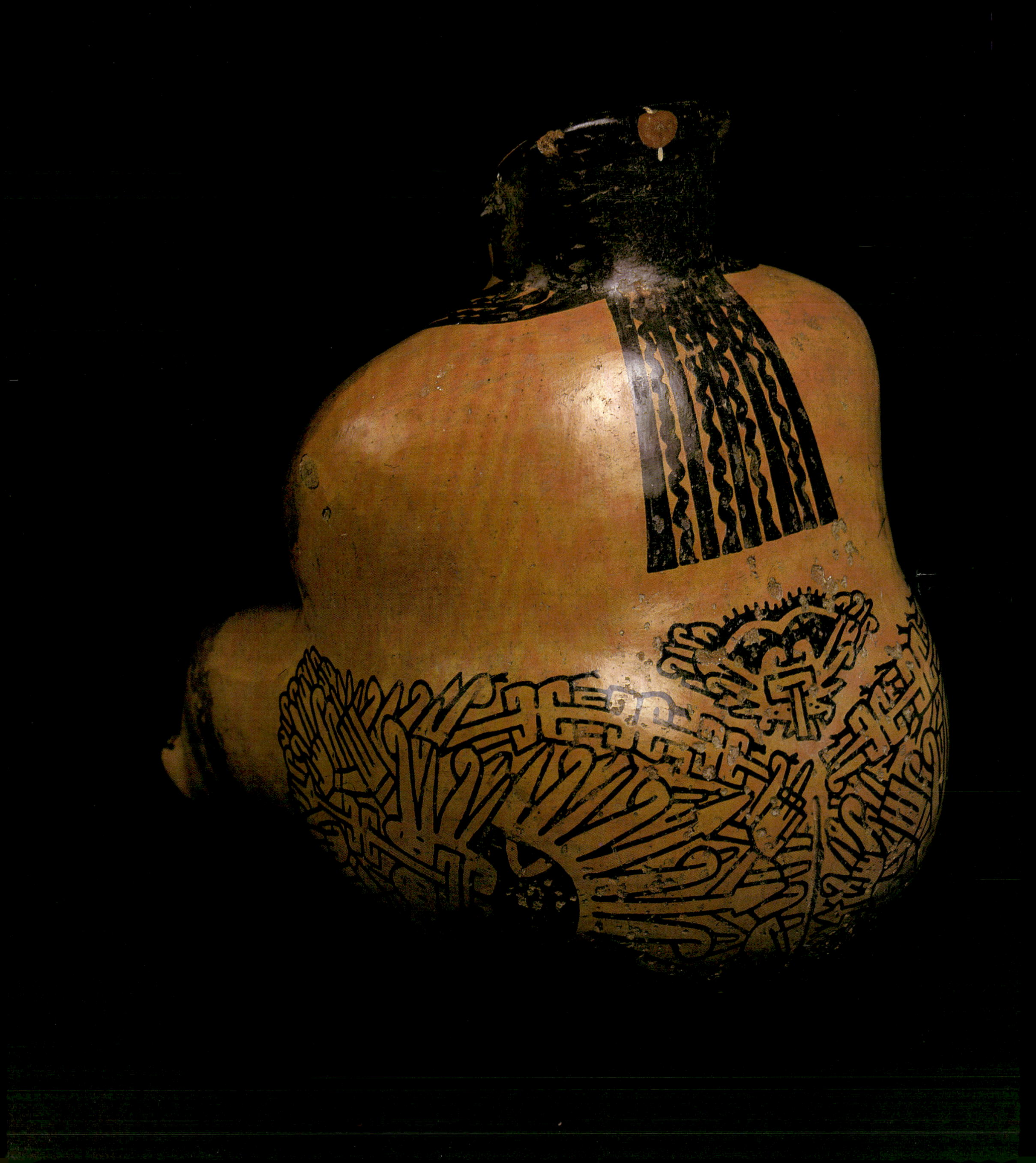

◁150. STATUETTE FEMININE

M.Ar.R. - Ica DA 1051 (R/V)
Terre cuite
Hauteur: 25,5 cm

Culture Nazca
Phase Nazca 6/7
Intermédiaire ancien
100 - 700 p.C.

Ce personnage féminin est plus abondamment décoré autour du pubis et du bas du dos que la statuette 151. L'image divine est celle de l'Etre Anthropomorphe Mythique avec tête en éventail et langue protubérante, une image qui combine divers «symboles» rendant sa lecture assez complexe. La chevelure est partagée en trois bandeaux, deux pendant librement sur le haut de la poitrine, le troisième reposant sur le dos.

151. STATUETTE FEMININE

H.M.f.V. - Hamburg 52.57: 254
Terre cuite
Hauteur: 27,5 cm

Culture Nazca
Phase Nazca 6/7
Intermédiaire ancien
100 - 700 p.C.

Les céramistes Nazca ont produit un certain nombre de statuettes et de figurines féminines, caractérisées par l'aspect potelé de leur corps et les traits «asiatisants» du visage. La présence sur le pubis de certaines d'entre elles de la tête d'un être mythique nous permet de croire que ces personnages sont associés au monde divin et intervenaient probablement lors de rites de fécondité ou de fertilité.

152. FIGURINE FEMININE

H.M.f.V. - Hamburg 52.57: 507
Terre cuite
Hauteur: 5,5 cm

Culture Nazca
Intermédiaire ancien
100 - 700 p.C.

Cette figurine présente des caractéristiques semblables à la précédente. Néanmoins, le pubis n'est pas «dissimulé» sous un visage de dieu. Par contre, le corps peint en rouge, à l'exception de la région pubienne, permet de supposer que nous nous trouvons face à un personnage intervenant dans un rite de fécondation.

153. FIGURINE FEMININE

M.f.Vo. - Wien 148.104/1
Terre cuite
Hauteur: 16,5 cm

Culture Nazca
Intermédiaire ancien
100 - 700 p.C.

Contrairement aux autres représentations féminines de ce groupe, celle-ci est vêtue d'une tunique de coton grossière qui laisse cependant entrevoir le sexe du personnage.

154. VASE ZOOMORPHE

M.N.A.A. - Lima C.54262 3/6668
Terre cuite
Hauteur: 18,5 cm; longueur: 34,5 cm

155. VASE ZOOMORPHE

M.Ar.R. - Ica DA 571
Terre cuite
Hauteur: 14,5 cm; longueur: 25 cm

Culture Nazca
Phase Nazca 3
Intermédiaire ancien
100 - 700 p.C.

Les deux récipients zoomorphes illustrent une seule et même divinité, la Baleine Tueuse Mythique, une divinité qui verra son importance s'accroître au cours du temps au point de supplanter en nombre l'Etre Anthropomorphe Mythique. Ce changement reflèterait également une modification du climat religieux vers la phase 5/6. Comme l'Etre Anthropomorphe Mythique, la Baleine Tueuse Mythique est associée à des têtes-trophées, soit sous la forme d'une rangée de ces insignes peints sur le corps, soit par la présence d'une de ces têtes dans la main de la divinité (154).

156. VASE A DECOR PEINT ZOOMORPHE

G.E.M. - Göteborg GEM 35.32.23
Terre cuite
Hauteur: 6 cm; diamètre: 20 cm

Culture Nazca
Phase Nazca 3 (probablement)
Intermédiaire ancien
100 - 700 p.C.

Ce plat est un véritable ravissement pour les yeux du spectateur. Sa composition circulaire audacieuse en fait une oeuvre proche de notre sensibilité occidentale. Cependant, la présence des sujets ichtyomorphes révèle surtout l'importance accordée par les Nazca aux ressources provenant de la mer. L'abondance des poissons sur ce plat ne serait alors qu'une image, un symbole de l'abondance de la faune marine dans les mers froides du Pérou.

157. SIFFLET ZOO-ANTHROPOMORPHE

H.M.f.V. - Hamburg 57.57: 452
Terre cuite
Longueur: 8,5 cm

Culture Nazca
Intermédiaire ancien
100 - 700 p.C.

Ce petit sifflet, autre instrument faisant partie de l'ensemble musical des Nazca, combine les traits d'un oiseau avec ceux d'un être humain dont on distingue une partie des membres supérieurs et la tête. Cette dernière est surmontée d'une coiffe en forme de tête d'oiseau.

158. VASE ZOO-ANTHROPOMORPHE

M.Ar.R. - Ica DA 588
Terre cuite
Hauteur: 7,8 cm; longueur: 22,5 cm

Culture Nazca
Phase Nazca 3
Intermédiaire ancien
100 - 700 p.C.

Par sa forme, ce récipient semble évoquer la Créature-Serpent masquée. Ses caractéristiques majeures sont le bicéphale et la présence de têtes-trophées sur les côtés du corps ainsi que sur le dos.

159. VASE AVIFORME

H.M.f.V. - Hamburg 52.57: 123
Terre cuite
Hauteur: 11,5 cm

Culture Nazca
Intermédiaire ancien
100 - 700 p.C.

De la même manière que l'oiseau qui suit, celui-ci dénote une certaine volonté de réalisme de la part du potier Nazca. Les dimensions réduites de l'oeuvre ne semblent pas avoir contraint l'artiste à n'esquisser qu'une ébauche d'animal. Au contraire, de petits détails marquent le souci de précision.

160. VASE AVIFORME

M.B.C.R. - Lima ACE. 034
Terre cuite
Hauteur: 21 cm; longueur: 27 cm

Culture Nazca
Probablement phase Nazca 3
Intermédiaire ancien
100 - 700 p.C.

Les animaux semblent avoir été privilégiés, par rapport aux représentations humaines, lors de réalisations en ronde-bosse. De même, ils semblent avoir fait l'objet de plus de soins de la part des artisans Nazca, leur conférant un aspect plus réaliste que celui rencontré sur les représentations humaines. Grâce à certaines particularités anatomiques de l'animal, il est relativement aisé d'y reconnaître un condor, malgré une certaine rondeur du corps.

161. VASE CEPHALOMORPHE ZOOMORPHE

M.R.A.H. - Bruxelles AAM 44.8
Terre cuite
Hauteur: 11,7 cm; diamètre: 13 cm

Culture Nazca
Intermédiaire ancien
100 - 700 p.C.

A première vue, ce vase semble illustrer la tête d'un félin, sans autre particularité. Cependant, une observation attentive permet de noter la présence autour de la gueule d'un masque de bouche, un insigne généralement réservé aux dieux. Si le fait de porter cet ornement est bien le signe du caractère divin de l'animal, celui-ci serait alors la représentation du Chat Tacheté Mythique, une divinité inspirée par le chat de la pampa (*Felis colocolo*).

162. VASE A DECOR PEINT ZOOMORPHE

H.M.f.V. - Hamburg 52.57: 236
Terre cuite
Hauteur: 11 cm

Culture Nazca
Intermédiaire ancien
100 - 700 p.C.

L'animal peint sur la partie supérieure de ce récipient, à la manière d'un animal se reposant sur un rocher, présente un style plus anguleux que celui rencontré jusqu'à présent pour les représentations zoomorphes. Cette particularité picturale permettrait d'attribuer ce vase à la phase 6 ou 7, période qui voit se multiplier les représentations guerrières en même temps que ce style anguleux. Le flou des traits anatomiques empêche d'identifier l'animal avec certitude; tout au plus pourrait-on avancer l'idée qu'il s'agit d'un reptile de la famille des lézards.

163. VASE ZOOMORPHE

P.M.A.E. - Cambridge
T 1360 46-77-30/5369
Terre cuite
Longueur: 22 cm; largeur: 16 cm

Culture Nazca
Intermédiaire ancien
100 - 700 p.C.

Contrairement à la plupart des vases zoomorphes précédents dont l'identification fut relativement aisée, nous nous trouvons ici face à une espèce qui peut à la fois évoquer le chien péruvien sans poil, le cochon d'Inde ou encore le lama. Les proportions tête/corps permettent de rejeter la dernière hypothèse. Restent le chien et le cobaye, tous deux connus et domestiqués depuis longtemps déjà à l'époque Nazca. L'un comme l'autre peuvent présenter un pelage (ou une peau pour le chien péruvien sans poil) bichrome ou tacheté; cependant, la forme allongée du museau ainsi que les oreilles triangulaires dressées sont des traits anatomiques appartenant au chien et non au cochon d'Inde. Rappelons d'ailleurs que cet animal figure dans le répertoire des géoglyphes de la Pampa del Ingenio.

164. GOBELET A DECOR GRAVE

M.N.A.A. - Lima 8782 30/772
Pierre
Hauteur: 25,5 cm; diamètre: 8,4 cm

Culture Nazca
Intermédiaire ancien
100 - 700 p.C.

Les récipients taillés dans la pierre sont rares parmi les objets conservés de la culture Nazca. Celui-ci constitue probablement un des plus beaux exemples de la maîtrise de la gravure sur pierre. L'auteur de l'oeuvre est parvenu à rendre l'image de l'Etre Mythique Anthropomorphe avec une aisance comparable aux représentations peintes du même personnage. Le sujet est celui de l'Etre Mythique Anthropomorphe à langue protubérante. Celle-ci se termine par une tête montrant elle aussi la langue.

165. VASE A DECOR PEINT

P.M.A.E. - Cambridge
T 1366 09-3-30/75689
Terre cuite
Hauteur: 14 cm; diamètre: 22 cm

Culture Nazca
Intermédiaire ancien
100 - 700 p.C.
Provenant de la vallée de Nazca

166. VASE A DECOR PEINT

P.M.A.E. - Cambridge
T 1353 09-3-30/75691
Terre cuite
Hauteur: 14 cm; diamètre: 23 cm

Culture Nazca
Intermédiaire ancien
100 - 700 p.C.
Provenant de la vallée de Nazca

Si la production de multiples était une tradition chez les Mochicas, grâce à l'usage de moules bivalves permettant de reproduire les vases en série, la technique de fabrication des potiers Nazca nous aurait plutôt portés à croire que les oeuvres rencontrées étaient uniques. Or, ces deux vases, ainsi que la paire 168, démontrent l'existence de doubles, de jumeaux. Toutefois, signalons que ces répétitions se limitent, du moins jusqu'à présent, à deux exemplaires pour un même vase.

167. VASE ZOO-ANTHROPOMORPHE

M.A. - Madrid 8224
Terre cuite
Hauteur: 15,5 cm; longueur: 18,5 cm

Culture Nazca
Intermédiaire ancien
100 - 700 p.C.

Le vase représente un ophidien bicéphale dont le corps forme un arc convexe surmonté d'un double goulot relié par une anse pontée. La décoration est située sur la face supérieure de la représentation et comporte des motifs peints et d'autres modelés. Les têtes sont fort schématiques et sont pourvues d'un masque buccal à grandes «moustaches». La langue est pendante. Des deux côtés des têtes, de petits appendices représentent des mains. Des bandes longitudinales composées de lignes et de points parcourent le corps. La tendance naturaliste de la période ancienne de la culture Nazca se reflète dans l'utilisation, de manière décorative, de tous les types d'animaux qui faisaient partie de leur système écologique. Sur ce vase, les traits d'ophidien, de félin et humains sont réunis pour suggérer un être fantastique. Ce motif décoratif est constant dans la céramique Nazca et il apparaît très fréquemment sous la forme peinte. (A.M.G.)

168. PAIRE DE VASES A DECOR PEINT

R.v.V. - Leiden 32.77-16 et 32.77-17
Terre cuite
Hauteur: 13 cm; diamètre: 36,5 cm

Culture Nazca
Phase Nazca 3
Intermédiaire ancien
100 - 700 p.C.

Comme les vases 165 et 166, la paire exposée ici vient confirmer l'existence de couples de vases semblables; leur similitude se retrouve dans les dimensions qui, bien que les vases n'aient pas été fabriqués dans un moule ou sur une forme, sont identiques dans ce cas-ci.

169. VASE A DECOR PEINT

M.Ar.R. - Ica DA 2265
Terre cuite
Hauteur: 33 cm; diamètre: 38 cm

Culture Nazca
Phase Nazca 3
Intermédiaire ancien
100 - 700 p.C.

Ce vase possède une particularité morphologique qui est la présence d'un bec verseur sur l'épaule. Le décor ne couvre que la moitié supérieure de la panse ainsi que la face interne de l'ouverture. Sur cette dernière, il s'agit simplement d'un motif triangulaire. Sur le pourtour de l'épaule s'étend, par contre, la Créature-Serpent masquée.

170. VASE A DECOR PEINT

G.E.M. - Göteborg GEM 32.16.9
Terre cuite
Hauteur: 20 cm; diamètre: 18 cm

Culture Nazca
Probablement phase Nazca 3
Intermédiaire ancien
100 - 700 p.C.

Le décor peint qui orne toute la panse du vase se compose d'un entrelacs de motifs évoquant le serpent ou un animal apparenté. La tête de certains individus se présente sous une forme simple, montrée de face et la langue pendante. D'autres êtres ont la tête de profil; la gueule ouverte laisse entrevoir des dents acérées et des oreilles pointues surmontent le crâne. Tous ces corps louvoyant sur la surface du vase semblent se livrer un combat dont la signification nous demeure inconnue.

L'iconographie religieuse Nazca, tout en possédant des caractères qui lui sont propres, n'a cependant pas rejeté l'héritage laissé par l'Horizon ancien, c'est-à-dire l'existence d'une sorte de «trinité» réunissant les dieux des trois mondes, à savoir le monde souterrain auquel est associé le serpent, animal chtonien par excellence, le monde terrestre dominé par l'animal le plus puissant, le félin (ou, plus précisément, le jaguar) et le monde céleste, parcouru par l'impérial condor. Les vases Nazca réunis ici sont l'illustration de cette combinaison de «vestiges» religieux hérités du passé et d'apports nouveaux, nés en même temps que la tradition Paracas-Nazca.

171. TAMBOUR DE GUERRE

M.Ar.R. - Ica DA 1712
Terre cuite
Hauteur: 92 cm; diamètre: 72 cm

Culture Nazca
Intermédiaire ancien
100 - 700 p.C.

A première vue, cet énorme récipient semble être un vase qui aurait pu être utilisé comme urne funéraire ou comme jarre de stockage. En réalité, certaines traces d'attache d'une membrane au-dessus de l'ouverture ont permis d'attribuer à l'objet sa véritable fonction, celle de tambour. Contrairement aux exemplaires déjà décrits, qui comportaient généralement une décoration complexe, celui-ci n'est orné que de bandes colorées verticales qui se joignent en un même point vers la base. Cette partie de l'instrument pose cependant problème: en effet, une restauration actuelle lui attribue un fond plat, ce que le reste du vase ne permet pas d'attester. Aussi, étant donné sa forme et le décor qui le couvre, il n'est pas impossible que le fond ait été convexe, à la manière de la plupart des tambours rencontrés.

172. VASE A DECOR PEINT ET INCISE

M.f.V. - Berlin VA 16427 K100
Terre cuite
Hauteur : 13,5 cm ; diamètre : 9,5 cm
Culture Nazca
Probablement une des phases finales de Nazca
Intermédiaire ancien
100 - 700 p.C.

La forme de ce petit récipient est très particulière. De même, la répartition du décor semble privilégier le rebord plutôt que le corps du vase, lequel n'est parcouru que d'une simple spirale incisée. Sur le rebord, deux rangées de quadrangles, disposés en quinconce, enferment un motif géométrique répétitif, motif qui pourrait être la stylisation d'un ornement naturaliste.

173. STATUETTE

S.M.f.V. - München 14.6.2
Pierre
Hauteur: 19,5 cm

Culture Pukara
Intermédiaire ancien
200 a.C. - 200 p.C.

La culture Pukara connaîtra son apogée dans le nord du bassin du Titicaca, là où elle établira sa capitale, Pucará. Il semble qu'elle soit la première à adopter un modèle d'établissement qui permette d'occuper diverses niches écologiques et de s'approvisionner ainsi à différentes sources, sans courir le risque de connaître les disettes nées d'une trop grande sécheresse ou des inondations lacustres. La sculpture en pierre Pukara comprend des oeuvres de toutes tailles, depuis les figurines semblables à celle-ci jusqu'aux statues plus monumentales et aux stèles. Sur cette représentation anthropomorphe, on observe la présence d'un animal agrippé au dos du personnage. La position des membres de l'animal évoque celle d'un batracien, probablement un crapaud, un animal caractéristique du lac Titicaca où il est associé aux rites de l'eau. Aujourd'hui encore, les autochtones retiennent des crapauds prisonniers; les coassements des batraciens seraient censés émouvoir les dieux qui enverraient alors la pluie pour faire cesser leurs plaintes.

174. FIGURINE

B.H.M. - Bern Pe 145
Pierre
Hauteur: 16 cm

Culture Pukara
Intermédiaire ancien
200 a.C. - 200 p.C.

Tant d'un point de vue technique qu'iconographique, cette oeuvre se différencie de la précédente. Les moyens utilisés par le sculpteur pour évoquer la forme humaine ont surtout fait appel à la gravure, la tête seule faisant l'objet d'un véritable traitement en ronde-bosse. Le creux des yeux et des oreilles permettent de supposer raisonnablement qu'ils devaient contenir des incrustations. La parure et autres motifs iconographiques figurant sur le personnage sont du plus grand intérêt puisqu'ils associent reptiles et batraciens. Les premiers sont notamment représentés en bas-relief à l'arrière du personnage; deux ophidiens semblent surgir du haut du crâne, là où émerge un appendice, et ramper sur le dos. Sous les deux serpents, un batracien gravé semble s'accrocher au dos de l'homme, à la manière de celui figurant au même endroit sur la précédente statuette (173). Un dernier ornement insolite pend aux oreilles de ce personnage; la forme de leur tête et le corps, dépourvu de pattes, permettent de supposer qu'il s'agit de serpents semblables à ceux sortant de l'appendice placé sur la tête. S'il a été relativement facile d'avancer une hypothèse d'interprétation pour la première pièce, celle-ci présente des aspects plus complexes en ce qui concerne ce personnage; en effet, l'association batracien-reptile supporte plus difficilement l'idée d'un rite lié à l'eau.

175. VASE A DECOR POLYCHROME ET MODELE

P.M.A.E. - Cambridge
T 1361 39-101/2352
Terre cuite
Hauteur: 14 cm

Culture Pukara
Intermédiaire ancien
200 a.C. - 200 p.C.

Le décor gravé, rehaussé de peintures, porte encore la réminiscence de l'emprise Chavín sur cette partie du Pérou. Ceci explique la présence de la tête de félin, en relief, sur le haut du vase. Placée chronologiquement au carrefour de deux grandes périodes d'expansion, la culture Pukara sera le lien qui explique la présence de motifs nés durant l'Horizon ancien sur des oeuvres de la culture Tiahuanaco.

176. VASE A DECOR POLYCHROME ET MODELE

P.M.A.E. - Cambridge
T 1365 39-101/2347
Terre cuite
Hauteur: 18 cm

Culture Pukara
Intermédiaire ancien
200 a.C. - 200 p.C.

La surface du vase, semblable à un broc par la présence d'une anse reliant le bord du col à l'épaule, est couverte d'une représentation exécutée simultanément en relief pour la tête et en motifs incisés rehaussés de couleurs pour le reste. La lecture de la décoration permet de reconnaître l'image d'un personnage semblable au Dieu-aux-Bâtons de Chavín. Cette présence atteste une fois de plus le rôle pivot joué par la culture Pukara dans la transmission de traits Chavín durant l'Horizon moyen.

177. STELE

M.A.U.N.S.A.A.C. - Cuzco 42-1386
Pierre
Hauteur: 120 cm; largeur: 52 cm

Culture Pukara
Intermédiaire ancien
200 a.C. - 250 p.C.

Cette stèle présente deux faces travaillées en bas-relief. Les représentations figurant sur chaque face offrent une similitude stylistique mais ont fait l'objet d'un traitement différent. A gauche, l'animal représenté est enfermé dans un «cadre» en relief qui est absent autour de l'animal figurant sur l'autre face. La stylisation des deux figures ne permet pas d'identifier avec précision les espèces animales. Néanmoins, pour celle de droite, certains reconnaissent un *suche*, un poisson d'eau douce de l'*altiplano*. Si cette identification s'avère exacte, il est curieux d'observer comment le sculpteur a exécuté l'animal en laissant voir ce qui pourrait correspondre à des arêtes. Sur l'autre face, l'identification est encore plus malaisée. S'il s'agit indubitablement d'un quadrupède pourvu d'une queue, le reste du corps, et notamment la tête, n'offre aucune piste permettant de reconnaître l'animal.

178. CROCHET DE PROPULSEUR

R.P.M. - Hildesheim V.5228
Os
Hauteur: 8 cm

Culture Huari
Horizon moyen
700 - 1000 p.C.

Bien que de facture plus tardive que les propulseurs mochicas déjà présentés, celui-ci porte une scène sculptée évoquant plus ou moins la scène ornant la pièce 078. Sur cet objet, un rapace anthropomorphisé est agenouillé derrière une tête humaine sur laquelle il s'appuye. Sur le côté gauche, une seconde tête semble pendre à la ceinture du personnage. La présence d'une pareille scène, à l'époque Huari, époque à laquelle a été attribuée cette pièce, atteste une fois de plus la pérennité de certaines traditions à travers le Pérou.

179. BOITE A DECOR PEINT

M.B.C.R. - Lima ACE. 3087
Terre cuite, coton
Hauteur: 4,3 cm; longueur: 9 cm; largeur: 5,5 cm

Culture Huari
Horizon moyen
700 - 1000 p.C.

Cet objet est le seul connu jusqu'à présent pour toutes les cultures péruviennes. Naturellement, des boîtes ont existé avant celle-ci mais les matériaux utilisés sont alors du bois ou du roseau. Le décor, typiquement Huari, se compose de têtes de félins aux traits anguleux, probablement héritées de la culture Tiahuanaco. L'usage de l'objet demeure assez obscur; cependant, la présence de plumes et d'ossements permettrait de supposer que l'objet a servi à contenir les restes d'un animal précieux (un oiseau tropical, par exemple) ou comme offrande à un défunt.

180. GRAND RECIPIENT

M.A. - Madrid 8315 bis
Terre cuite
Hauteur: 59 cm; diamètre: 55 cm

Culture Huari
Style Robles Moqo
Horizon moyen
700 - 1000 p.C.
Provenant de Trujillo

Ce vase tronconique à fond plat présente une décoration peinte répartie en quatre registres: de haut en bas, des motifs floraux, des grecques, un masque en relief orné d'une peinture faciale et de dents de félin, une suite de rectangles de diverses couleurs ornés de deux points. Ces récipients de grandes dimensions ont été utilisés rituellement pour entreposer de la *chicha*. Le visage en relief est similaire à celui ornant la Porte du Soleil de Tiahuanaco et il est généralement associé au soleil. (A.M.G.)

181. TAMBOUR

S.M.f.V. - München 89-311922
Terre cuite, coton, peau
Hauteur: 45 cm; diamètre: 21 cm

Culture Huari
Horizon moyen
700 - 1000 p.C.

Le modèle de ce tambour, bien que rappelant ceux de la culture Nazca, comporte quelques différences de facture, notamment au niveau du pied, mieux exécuté sur cet exemplaire et ne portant aucune décoration. Ici, le décor se limite à deux surfaces quadrangulaires à l'intérieur desquelles une tête anguleuse a été peinte. Les traits combinent éléments humains et félins.

182. VASE A ANSES

M.Ar.R. - Ica DA 18
Terre cuite
Hauteur: 31 cm; diamètre: 26,5 cm

Culture Huari
Style Huari côtier
Horizon moyen
700 - 1000 p.C.

La figure principale de la décoration occupe toute la surface antérieure de la panse. Selon les habitudes artistiques Huari, le personnage principal a été représenté selon deux techniques combinées entre elles: le corps du personnage et tous les motifs décoratifs accessoires sont peints alors que la tête du personnage principal se détache en haut-relief de la surface du récipient. Le personnage évoque indubitablement le dieu de la Porte du Soleil de Tiahuanaco mais aussi le Dieu-aux-Bâtons Chavín.

183. VASE A DECOR PEINT

M.Ar.R. - Ica DA 08/445
Terre cuite
Hauteur: 80 cm; diamètre: 60 cm

Culture Huari
Style Huari côtier
Horizon moyen
700 - 1000 p.C.

Ce récipient, aux fonctions probablement identiques à celles du vase de style Robles Moqo (180), comporte un motif décoratif peint placé au centre de la panse qui évoque la face du dieu représenté sur la Porte du Soleil de Tiahuanaco; les dents apparentes et les «larmes» sous les yeux sont les marques de ce dieu. Autour du cou pend un objet qui rappelle les haches de bronze fabriquées par les métallurgistes de Tiahuanaco. Ce sont ces artisans qui apportèrent aux autres cultures du Pérou la connaissance du bronze obtenu en mélangeant le cuivre et l'étain.

184. VASE A DECOR PEINT

C.A.M. - Cleveland 63.476
Fonds John L. Severance
Terre cuite
Hauteur: 22 cm

Culture Tiahuanaco
Style Tiahuanaco IV
Horizon moyen
600 - 1000 p.C.

Durant les phases III et IV, la culture Tiahuanaco étendit son influence vers le nord et vers le sud. Ainsi, dans cette direction laissa-t-elle des traces dans le désert d'Atacama et, au nord, elle serait à l'origine de certains motifs iconographiques que les Huari se chargeront de répandre. Avec la culture Tiahuanaco, la forme traditionnelle du gobelet, telle que nous l'avons connue pour la culture Nazca, connaît un changement pour donner naissance à la forme qui sera communément appelée *kero*.

185. VASE A DECOR PEINT

M.f.V.F. - Frankfurt a/M. N.S. 35.442
Terre cuite
Hauteur: 10 cm; diamètre: 19 cm

Culture Tiahuanaco
Style Tiahuanaco IV
Horizon moyen
600 - 1000 p.C.

Sur la paroi extérieure du récipient, nous retrouvons la même figure aux traits anguleux que celles précédemment décrites. Comme pour le tambour Huari (181), la gueule du personnage, garnie d'une paire de crocs, serre un motif qui pourrait être un épi de maïs.

186. STATUE ANTHROPOMORPHE

M.P.E. - Roma 53006
Pierre
Hauteur: 101 cm; largeur: 36 cm

Culture Tiahuanaco
Style Tiahuanaco IV
Horizon moyen
600 - 1000 p.C.

La tête du personnage, surmontée de sa coiffure, évoque irrésistiblement celle qui orne les vases de style Robles Moqo de la culture Huari. Bien que de dimensions plus réduites, cette sculpture rappelle les oeuvres de grande taille qui ornent l'enceinte du Kalasasaya, à Tiahuanaco, et qui sont appelées monolithes Ponce et El Fraile. Une étude attentive de la surface de la pierre permet de noter la présence d'un réseau dense de motifs gravés, tous liés à l'iconographie "classique" de Tiahuanaco.

187. PAIRE DE SANDALES
ET PIECE DE TISSU

M.is. - Pachacamac MSPACH-001/90
Coton, fibres végétales
Tissu: 64 x 40 cm

Culture Ichimay
Intermédiaire récent
1000 - 1100 p.C.

188. PAIRE DE CHAUSSURES
ET PIECE DE TISSU

M.is. - Pachacamac MSPACH-002/90
Velours, coton
Tissu: 30 x 45 cm

Transition
XVIe siècle

189. VASE ZOOMORPHE

M.is. - Pachacamac TVP-1.0714 Sp.91
Terre cuite
Longueur: 24 cm

190. VASE ZOOMORPHE

M.is. - Pachacamac TVP-1 0756 Sp.57
Terre cuite
Hauteur: 8,5 cm; longueur: 16 cm

191. VASE AVIFORME

M.is. - Pachacamac TVP-1 0716 Sp.42
Terre cuite
Hauteur: 14,1 cm

192. VASE ZOOMORPHE

M.is. - Pachacamac TVP-1 0714 Sp.83
Terre cuite
Hauteur: 10 cm; longueur: 12 cm

Culture Lima
Intermédiaire récent
Style Epigonal
1000 - 1100 p.C.

Les quatres vases, dont trois représentent des poissons, animaux associés à la principale divinité de Pachacamac, proviennent des fouilles du Vieux Temple Peint.

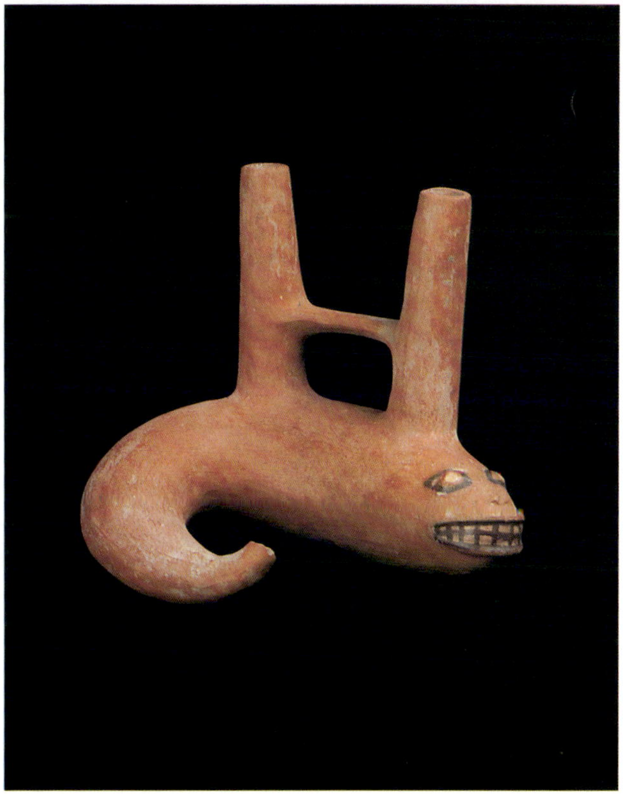

193. VASE A SCENE

M.B. - Lambayeque MB 1024
Terre cuite
Hauteur: 17 cm; longueur: 18,5 cm

Culture Lambayeque
Intermédiaire récent
1000 - 1200 p.C.

194. VASE A SCENE

P.M.A.E. - Cambridge
T1368 46-77-30/4878
Terre cuite
Hauteur: 16 cm; longueur: 20 cm

Culture Lambayeque
Intermédiaire récent
1000 - 1200 p.C.

195. VASE A SCENE

P.M.A.E. - Cambridge
T1358 46-77-30/5040
Terre cuite
Hauteur: 18 cm; diamètre: 19 cm

Culture Lambayeque
Intermédiaire récent
1000 - 1200 p.C.

Ces trois vases Lambayeque marquent un retour à la tradition des vases en ronde-bosse ou à décor tridimensionnel, après l'interruption de la phase Moche-Huari qui vit se combiner les caractéristiques artistiques des deux cultures. Le premier vase montre un personnage, peut-être un défunt, porté sur une litière par quatre hommes. Le second figure des navigateurs assis sur un *caballito de totora*. Le dernier représente deux animaux, un oiseau et un lama, le premier semblant crever l'oeil du second.

196. VASE-JAMBE

M.f.V. - Berlin VA 3775 K109
Terre cuite
Hauteur: 19,5 cm; longueur: 14 cm

Culture chimú
Intermédiaire récent
1100 - 1450 p.C.

Plus encore que les Lambayeque, les céramistes chimús vont effectuer un véritable retour aux sources, semblant puiser largement leur inspiration parmi les productions mochicas. Ce vase, représentant un membre inférieur chaussé d'une sandale tressée, rappelle les œuvres similaires déjà présentées chez les Mochicas.

197. VASE-PIED

M.A. - Madrid 11078
Terre cuite
Hauteur: 13,2 cm; longueur: 17,3 cm

Culture chimú-inca
Horizon récent
1450 - 1533 p.C.

Le vase en forme de pied est chaussé d'une sandale de type *ojota*. Cette représentation naturaliste est propre à cette culture alors que le bord évasé est d'influence inca. Il est probable que l'objet possèda un caractère magico-symbolique dérivé de sa fonction probable d'ex-voto. (A.M.G.)

198. VASE-JAMBE

M.A. - Madrid 10072
Collection Martinez Compañón
Terre cuite
Hauteur: 18,2 cm; longueur: 15,5 cm

Culture chimú
Intermédiaire récent
1100 - 1450 p.C.

Le vase représente un membre inférieur chaussé d'une *ojota*. Comme le vase précédent, la représentation naturaliste est typique de la céramique chimú. Ce type de chaussure était répandu dans tout le Pérou, tant à la *sierra* qu'à la côte. Il était fabriqué en cuir et en fibre végétale. (A.M.G.)

199. VASE-BRAS

M.f.V. - Berlin VA 47547 K109
Terre cuite
Hauteur: 13 cm; longueur: 25,2 cm

Culture chimú
Intermédiaire récent
1100 - 1450 p.C.

La céramique chimú marque un changement important dans la tradition de la côte nord. Jusqu'à l'Horizon moyen, les vases sont généralement à pâte rougeâtre, une coloration obtenue par cuisson en milieu oxydant. Naturellement, les potiers mochicas ont également produit en moindre quantité, des vases cuits en atmosphère réductrice. Avec la culture chimú, après l'hiatus culturel Moche-Huari et une production très limitée de céramique de teinte rougeâtre, les potiers semblent se tourner, pour des raisons peu évidentes, vers la fabrication de vases de couleur noire.

200. VASE ZOOMORPHE A ANSE-GOULOT EN ETRIER

M.R.A.H. - Bruxelles AAM 4790
Terre cuite
Hauteur: 19,5 cm; longueur: 18,5 cm

Culture chimú
Intermédiaire récent
1100 - 1450 p.C.

La production céramique chimú a la réputation d'être de pauvre qualité sur le plan de l'exécution et du réalisme. En effet, s'ils retournent à la tradition de la céramique en ronde-bosse qui était celle des Mochicas, les potiers chimús ne semblent pas avoir maîtrisé cet art de la même façon que leurs prédécesseurs. La céramique chimú a atteint des niveaux de production qui permettent de la comparer à une véritable industrie. Néanmoins, il semble qu'une petite proportion de récipients de belle facture a été fabriquée pour l'élite de la société chimú. Ce vase aviforme, malgré quelques stylisations excessives comme les pattes, appartiendrait à cette catégorie.
Techniquement, des différences de fabrication de l'anse-goulot en étrier peuvent être observées par rapport aux vases mochicas.

201. ENSEMBLE DE QUATRE RECIPIENTS ANTHROPOMORPHES

M.f.V. - Berlin
(1) VA 19015 K110
(2) VA 48729 K110
(3) VA 4846 K110
(4) VA 19016 K110
Terre cuite
(1) hauteur: 7 cm; largeur: 10,5 cm
(2) hauteur: 6,4 cm; largeur: 9,2 cm
(3) hauteur: 6 cm; largeur: 6 cm
(4) hauteur: 5,8 cm; largeur: 7 cm

Culture chimú
Style chimú - Huaraz

Intermédiaire récent
1100 - 1450 p.C.

Cet ensemble de quatre personnages, dont trois sont coiffés de façon fort similaire, sont tous représentés tenant un récipient. Le personnage situé à l'extrême droite pourrait être une femme puisqu'il tient un enfant dans le bras droit, une attitude généralement associée à l'image de la femme. Il est possible que les autres personnages soient de sexe féminin puisqu'ils ont en commun une coiffure similaire. La présence des récipients supposerait qu'elles se livrent à l'activité céramique.

202. VASE ARCHITECTURE

M.B.C.R. - Lima ACE. 914
Terre cuite
Hauteur: 21 cm

Culture Lambayeque
Intermédiaire récent
1000 - 1200 p.C.

Ce vase évoque probablement une architecture cérémonielle en usage dans la vallée de Lambayeque. Les décors géométriques qui figurent sur les parois pourraient rappeler les motifs en bas-relief exécutés en terre et, généralement, rehaussés de peintures. Adossés aux jambages de l'édifice, deux petits personnages semblent monter la garde.

203. VASE A SCENE

M.A. - Madrid 10389
Terre cuite
Hauteur: 16 cm; longueur: 26 cm

Culture chimú - inca
Horizon récent
1450 - 1533 p.C.

Le vase est composé de deux corps représentant un perroquet mangeant un épi de maïs. Les deux parties sont percées aux extrémités pour permettre l'entrée et la sortie de liquide. Ce type de récipient se rencontre souvent; appelé *pajcha*, il était utilisé lors de rites liés à la fertilité de la terre chez la plupart des cultures du Pérou précolombien. Ce sont les Incas qui en ont fait le plus large usage. L'association perroquet, animal des terres humides, et épi de maïs est fréquente. (A.M.G.)

204. VASE ZOOMORPHE
A ANSE-GOULOT EN ETRIER

M.R.A.H. - Bruxelles AAM 39.129
Terre cuite
Hauteur: 23 cm; longueur: 26,6 cm

Culture chimú
Intermédiaire récent
1100 - 1450 p.C.

Cette représentation de gastéropode, à l'instar du vase aviforme déjà décrit (200), constitue une exception par la qualité de son exécution dans la masse des vases chimús. La question est souvent posée de savoir pourquoi les potiers chimús ont produit une telle quantité de vases noirs, à surface brillante; la réponse pourrait se trouver dans l'autre activité majeure de cette culture, celle qui fit sa renommée: la métallurgie. En réservant les métaux précieux à l'élite ou aux plus nantis, il est possible que les potiers aient tenté d'imiter les récipients d'or et d'argent en terre cuite pour les autres classes moins favorisées de la société chimú.

205. VASE PHYTOMORPHE

M.f.V. - Berlin VA 17133 K110
Terre cuite
Hauteur: 29 cm; largeur: 19,5 cm

Culture chimú
Intermédiaire récent
1100 - 1450 p.C.

Comme les céramistes mochicas, les Chimús se sont inspirés du milieu qui les environnait pour produire leurs oeuvres. Ici, le potier a imité les calebasses, un fruit dont la plupart des cultures préhispaniques du Pérou faisaient grand usage. Une des utilisations de la calebasse était de servir de flotteur pour la pèche. D'autres ont été le support de décorations pyrogravées, ainsi que nous pourrons le voir par la suite.

207. VASE A SCENE

L.M. - Stuttgart M 30177
Terre cuite
Hauteur: 14,5 cm

Culture chimú
Intermédiaire récent
1100 - 1450 p.C.

La forme et l'iconographie de ce récipient constituent une exception parmi la production chimú. Indéniablement réservé à des fonctions rituelles, il représente quatre porteurs bossus soutenant le plateau sous lequel se trouvent des personnages également bossus. Un personnage plus grand domine les autres et serait en train d'accomplir un rite ou un sacrifice.

206. VASE ZOOMORPHE

H.M.f.V. - Hamburg B.3193
Terre cuite
Hauteur: 45 cm; longueur: 47 cm

Culture chimú
Intermédiaire récent
1100 - 1450 p.C.

Les représentations ichtyomorphes de grandes dimensions ne sont pas rares parmi les récipients chimús. Il est certain que l'importance de la pêche, une des sources d'approvisionnement de cette population côtière, a poussé les artistes à vouloir représenter le monde marin. Cependant, cette importance n'explique pas le pourquoi d'une telle dimension. S'agissait-il de vouloir symboliser ainsi son rôle ou bien d'illustrer l'existence de poissons de grandes dimensions? Nul ne peut y répondre pour l'instant.

208. TETE-COUVERCLE DE SARCOPHAGE

M.N.A.A. - Lima s.n.
Dépôt Expedición Antisuyo
Terre, paille
Hauteur: 65 cm; largeur: 34,5 cm

Culture Chachapoyas
Intermédiaire récent
1100 - 1460 p.C.

208 B. CRANE

M.N.A.A. - Lima ANT.1-86/G? (90)

L'ensemble tête-couvercle et crâne illustre un rite particulier. La perforation pratiquée à l'apex du crâne permettait de glisser celui-ci sur la pointe émergeant au-dessus de la tête-couvercle. Ce procédé ne semble avoir connu qu'un usage limité au Pérou et rappelle une tradition venue de l'est, de la forêt tropicale plutôt que des Andes proprement dites. Ce mode d'inhumation, utilisant des sarcophages anthropomorphes placés en des endroits inaccessibles, ne s'est rencontré jusqu'à présent que dans cette partie des Andes centrales.

209. VASE-ARCHITECTURE

P.M.A.E. - Cambridge
T1356 46-77-30/5101
Terre cuite
Hauteur: 22 cm; longueur: 16 cm

Probablement culture Chancay
Intermédiaire récent
1100 - 1450 p.C.
Provenant de Cajamarquilla (Lima)

La culture Chancay, petit royaume de l'Intermédiaire récent, occupa le territoire situé entre les vallées de Pativilca et de Chancay, c'est-à-dire une bande de terre coincée entre le territoire chimú, au nord, et la zone d'influence du grand centre cérémoniel de Pachacamac, au sud. La nécropole de Chancay, probablement le plus grand site de cette culture, subit malheureusement depuis le XIXe siècle les assauts répétés des fouilleurs clandestins (*huaqueros*).

Cette situation est à l'origine des nombreuses questions que l'on se pose au sujet de cette culture. Si le matériel abonde dans tous les musées du monde, il est malheureusement dépourvu de tout contexte archéologique permettant d'établir les séquences chronologiques de cette production artistique. Cependant, une oeuvre comme celle-ci montre que cette culture a été soumise à diverses influences et que son architecture ne se distingue pas de celle représentée sur les vases mochicas, Vicús, chimús...

210. VASE A DECOR ZOOMORPHE EN BAS-RELIEF

M.R.A.H. - Bruxelles AAM 68.7
Terre cuite
Hauteur: 25 cm; diamètre: 10,5 cm

Culture Chancay
Intermédiaire récent
1000 - 1450 p.C.

Le décor qui orne ce gobelet monochrome se limite à la seule représentation d'un singe en bas-relief qui semble s'accrocher à la paroi du vase.
La présence de cet animal sur un produit d'une culture de la côte centrale indique que cette contrée a également pratiqué des échanges de biens, dont des animaux tropicaux, avec les populations de la *selva*.

211. VASE A DECOR PEINT ET EN RELIEF

M.R.A.H. - Bruxelles AAM 85.1
Terre cuite
Hauteur: 45 cm; diamètre: 36 cm

Culture Chancay (probablement)
Style Géométrique trichrome
Intermédiaire récent
1000 - 1450 p.C.

A côté d'une céramique monochrome blanche et d'une autre bichrome (noir sur blanc), les premiers potiers Chancay ont produit des vases au décor peint trichrome. Ce superbe récipient est un exemple de ce style qui ne semble avoir été pratiqué qu'au début de l'Intermédiaire récent.
Le décor peint sur les deux parois circulaires, sur la tranche et sur les bords du col à double courbure mêle motifs géométriques et motifs stylisés qui évoquent des animaux. Au premier abord, le décor semble identique sur les deux faces mais une lecture plus attentive permet de noter des différences, la principale concernant les ornements du cercle central. Les deux anses sont une figure de singe en ronde-bosse mangeant un fruit ou soufflant dans un instrument. Sur le bord du col sont accrochées deux paires d'oiseaux.

212. FIGURINE ANTHROPOMORPHE

M.f.Vo. - Wien 5876
Terre cuite, fibres végétales, laine
Hauteur: 33 cm; largeur: 15,5 cm

Culture Chancay
Intermédiaire récent
1000 - 1450 p.C.

L'ensemble représente un personnage lié à une litière et portant un vêtement de coton.
Cette figurine pourrait illustrer plusieurs aspects de la culture Chancay: un défunt porté sur une litière avant de le disposer dans un *fardo*, un jeune enfant maintenu dans ce qui lui sert de berceau, un malade participant à une cérémonie de guérison. Chacune de ces interprétations trouve son correspondant dans l'iconographie ou dans le contexte archéologique. Pour ce dernier, il faut savoir que Max Uhle découvrit semblables figurines lors de ses fouilles à Pachacamac. Aujourd'hui, elles sont conservées au *University Museum* de Philadelphia.

213. VASE A DECOR PEINT BICHROME

M.R.A.H. - Bruxelles AAM 46.7.85
Terre cuite
Hauteur: 57,6 cm; diamètre: 33,3 cm

Culture Chancay
Intermédiaire récent
1000 - 1450 p.C.

Ce récipient à fond convexe est orné d'un décor couvrant les deux-tiers supérieurs de la panse ainsi que le col. Sur la panse proprement dite, le potier a divisé verticalement la surface en quatre panneaux où alternent lignes droites et lignes ondulées.
Un motif évoquant un oiseau enfermé à l'intérieur d'un losange est répété sur toute la surface de l'épaule.
Les motifs peints en noir sur blanc sont les plus répandus parmi les poteries Chancay. On retrouve cette même technique picturale sur les *chuchimilcos*, des statuettes en terre cuite, et les *chinas* dont les traits rappellent ceux de certains visages asiatiques

214. STATUETTE FEMININE

M.R.A.H. - Bruxelles AAM 70.8
Terre cuite, coton, laine
Hauteur: 46 cm; largeur: 29 cm

Culture Chancay
Intermédiaire récent
1000 - 1450 p.C.

Cette paire de statuettes, manifestement produite par le même artiste, possède la particularité de porter vêtements et coiffures. La pièce de tissu du personnage féminin est de meilleure qualité que celle de son partenaire masculin. En outre, les coiffures sont

215. STATUETTE MASCULINE

M.R.A.H. - Bruxelles AAM 70.9
Terre cuite, coton, laine
Hauteur: 44 cm; largeur: 29,3 cm

également distinctes, correspondant peut-être au sexe. Des coiffes identiques ont été retrouvées sur les têtes des momies enveloppées de tissus. Bien que dépourvues de contexte archéologique, il apparaît indubitable que les deux statuettes devaient reposer - côte à côte? - dans la même tombe. Toutefois, la signification de leur présence en milieu funéraire demeure inexpliquée.

216. STATUETTE FEMININE

M.N.A.A. - Lima 20/794 C-54806
Terre cuite
Hauteur: 35 cm; largeur: 15,7 cm

Culture Ica-Chincha
Intermédiaire récent
1100 - 1470 p.C.

Poursuivant la tradition artistique de la côte sud, la culture Ica-Chincha n'a produit que fort peu de représentations plastiques de ce type.
Le personnage féminin dénudé est présenté les avant-bras tendus en un geste de réception ou de soumission.
La décoration peinte polychrome, composée de motifs géométriques qui pourraient correspondre pour certains à des peintures corporelles, est typique de celle ornant la production céramique Ica-Chincha. La facture rappelle, quant à elle, les statuettes Chancay par la forme du visage et l'attitude générale.

217. STATUETTE FEMININE

M.f.V. - Berlin VA 18061 K105
Terre cuite
Hauteur: 45 cm; largeur: 19,2 cm

Culture Chancay
Intermédiaire récent
1000 - 1450 p.C.

Un peu à la manière du vase de style Géométrique trichrome (211), cette statuette féminine montre plus de soin dans sa réalisation que la plupart des statuettes similaires produites par les céramistes Chancay.
Bien que confectionnée probablement au moule, comme les autres statuettes et figurines Chancay, cette œuvre comporte plus de détails, notamment en ce qui concerne la coiffe et les diverses parures (disques d'oreilles, collier).
Cependant, certains détails anatomiques tels les bras sont disproportionnés et contribuent à rendre cette figure plus expressionniste que réaliste.

219. VASE A DECOR PEINT

M.Ar.R. - Ica DA 499
Terre cuite
Hauteur: 36 cm; diamètre: 34 cm

Culture Ica-Chincha
Intermédiaire récent
1100 - 1470 p.C.

Le décor peint de ce vase ne couvre que l'épaule. Un motif "ailé" figure parmi les motifs et pourrait évoquer un ornement de métal, un bijou.

220. CRUCHE A DECOR PEINT

M.f.V. - Berlin VA 50725 K100
Terre cuite
Hauteur: 20,3 cm; diamètre: 18,5 cm

Culture Ica-Chincha
Intermédiaire récent
1100 - 1470 p.C.

Les différents motifs géométriques se composent de dessins scalaires, de grecques, de cercles pointés... peints de diverses couleurs. Cependant, cette polychromie n'égale pas la diversité des teintes jadis en usage chez les potiers Nazca.

218. VASE-ARCHITECTURE

M.Ar.R. - Ica DA 496
Terre cuite
Hauteur: 16 cm; longueur: 20,5 cm

Culture Ica-Chincha
Intermédiaire récent
1100 - 1470 p.C.

Comme les cultures des côtes septentrionales et centrales, celle de Ica-Chincha a également produit, mais en très petit nombre, des vases évoquant l'architecture, une architecture qui n'a laissé dans la réalité archéologique que fort peu de vestiges. Heureusement, la céramique, qui l'a reproduite, permet d'en imaginer la forme.
La disposition en terrasses des auvents permet de supposer que les habitations étaient agencées de façon identique dans la réalité.

221. VASE A DECOR PEINT

M.Ar.R. - Ica DA 502
Terre cuite
Hauteur: 54 cm; diamètre: 44 cm

Culture Ica-Chincha
Intermédiaire récent
1100 - 1470 p.C.

On ne s'explique pas le motif qui entraîna l'appauvrissement des coloris dans la culture Ica-Chincha. On ne peut accuser les Huari, une culture tampon entre celle de Nazca et celle-ci, d'avoir dédaigné la céramique polychrome. Au contraire, ils perpétuèrent la tradition des potiers Nazca en produisant des vases aux coloris variés. Il faut donc chercher ailleurs les raisons de ce phénomène, peut-être dans la disparition ou l'ignorance des sources de pigments exploitées par les occupants des périodes antérieures.

222. VASE A DECOR PEINT

M.f.V. - Berlin VA 51218 K101
Terre cuite
Hauteur: 33,8 cm; diamètre: 27,7 cm

Culture Ica-Chincha
Intermédiaire récent
1100 - 1470 p.C.

Parmi les motifs géométriques qui ornent ce vase, deux bandes horizontales comportent une file de représentations aviformes.

223. VASE DOUBLE AVIFORME

H.M.f.V. - Hamburg 52.57: 267
Terre cuite
Hauteur: 9 cm

Culture Ica-Chincha
Intermédiaire récent
1100 - 1470 p.C.

La combinaison d'un récipient de forme simple avec celle d'une représentation plastique d'oiseau classe cette œuvre parmi les raretés de la production céramique Ica-Chincha.

224. VASE DOUBLE ANTHROPOMORPHE

H.M.f.V. - Hamburg 52.57: 266
Terre cuite
Hauteur: 16 cm

Culture Ica-Chincha
Intermédiaire récent
1100 - 1470 p.C.

La représentation humaine illustre un joueur de flûte, probablement de *quena*. Le corps humain est dessiné de façon fort sommaire, la panse globulaire du vase constituant un support pour la tête et les bras filiformes.

225. VASE A DECOR PEINT

M.f.Vo. - Wien 91018
Terre cuite
Hauteur: 7,6 cm; diamètre: 20,5 cm

Culture Ica-Chincha
Intermédiaire récent
1100 - 1470 p.C.

Si la ligne scalaire spéculaire est typique de la décoration peinte Ica-Chincha, il est intéressant de signaler la perfection morphologique du récipient dont le bord inférieur s'orne d'une dentelure régulière, visible également sur la face intérieure. Il y a ainsi, un peu comme dans la production chimú, quelques œuvres en terre cuite qui se détachent d'un ensemble où dominent les formes simples, d'exécution maladroite. Peut-être les récipients les plus beaux étaient-ils destinés aux membres privilégiés de la société?

226. MORTIER ZOOMORPHE

M.A.U.N.S.A.A.C. - Cuzco
Pierre
Hauteur: 5 cm; longueur: 25 cm

Culture inca
Horizon récent
1450 - 1533 p.C.

Les Incas, plus que toutes les autres civilisations péruviennes, se sont montrés d'excellents tailleurs de pierre, notamment pour la confection de mortiers. Cet accessoire devait posséder une valeur autre que celle d'un simple objet utilitaire et la forme du poisson était associée à l'importance de cet animal dans la société inca. En effet, bien qu'étant un peuple de la *sierra*, les Incas accordaient énormément de prix au poisson. L'Inca, vivant au Cuzco, s'en faisait d'ailleurs livrer depuis la côte sud par des porteurs spéciaux.

227. RECIPIENT ZOOMORPHE

M.f.V. - Berlin VA 8590 K72
Pierre
Longueur: 11,3 cm

Culture inca
Horizon récent
1450 - 1533 p.C.

Comme la pièce précédente, ce crabe montre les rapports privilégiés que les Incas avaient établis avec la côte. Il est certain que cette contrée désertique, entrecoupée d'oasis où s'étaient épanouies de nombreuses cultures, devaient offrir de nouvelles ressources aux conquérants incas et permettre, en occupant des niches écologiques variées, de faire face à des disettes parfois catastrophiques survenant dans la *sierra*.

228. RECIPIENT CRUCIFORME

M.f.V. - Berlin VA 8401 K72
Porphyre
Hauteur: 8 cm; longueur: 26,9 cm; largeur: 26 cm

Culture inca
Horizon récent
1450 - 1533 p.C.

Cette forme de croix pourrait simplement être interprétée pour ce qu'elle est, c'est-à-dire un motif géométrique dont le symbolisme aurait disparu. Cependant, cette disposition de quatre volumes autour d'un espace central pourrait être l'illustration de la *cancha*, l'unité d'habitat en vigueur chez les Incas. Des représentations, plus suggestives, de ces habitats existent en céramique.

229. TETE ANTHROPOMORPHE

A.M.N.H. - New York 41.2/5702
Pierre

Provenant de Cajamarca

Il est malaisé d'attribuer cette tête humaine à l'une ou l'autre culture du Pérou préhispanique. Nous serions tentés de la classer parmi les réalisations incas même si celles-ci sont extrêmement rares. Cette tête ne comporte en effet aucun trait caractéristique du Formatif de cette contrée ou de l'Intermédiaire ancien de la région de Recuay, zones où des œuvres lithiques ont été découvertes.

230. TETE ANTHROPOMORPHE

S.M.f.V. - München X.6000
Pierre
Hauteur: 38 cm

Culture inca
Horizon récent
1450 - 1533 p.C.

Contrairement à la tête précédente, celle-ci présente des traits semblables à une autre tête, conservée actuellement au *Museo de América* de Madrid, laquelle est attribuée à la culture inca. Les représentations humaines en ronde-bosse sont rares dans l'art inca. Les seules qui nous restent sont les figurines en or ou en argent, trop petites et trop répétitives que pour refléter ce qu'a pu être cet art. Cette absence pourrait être due à la destruction des monuments les plus importants par les conquistadors, bien qu'il soit rarement fait mention de sculptures de pierre dans les chroniques.

231. MORTIER

M.A. - Madrid 8617
Pierre
Hauteur: 8,8 cm; longueur: 21,5 cm

Culture inca
Horizon récent
1450 - 1533 p.C.

Ce mortier de pierre est pourvu de deux anses latérales en forme de tête de félin. (A.M.G.)

232. MORTIER

M.A. - Madrid 8616
Pierre
Hauteur: 9,8 cm; longueur: 22 cm

Culture inca
Horizon récent
1450 - 1533 p.C.

Le mortier de pierre est pourvu de deux anses latérales qui représentent un félin posé sur une plate-forme. Ils sont inversés sur chaque anse. (A.M.G.)

233. MORTIER

M.A. - Madrid 8897
Pierre
Hauteur: 13 cm; longueur: 27,3 cm

Culture inca
Horizon récent
1450 - 1533 p.C.

Sur les parois du mortier figurent des lignes en zigzag, suggérant des serpents, et des anses en forme de tête de félin.
La catégorie des mortiers englobe une série de récipients de formes et de dimensions différentes, et aux usages divers.
Il est fréquent de rencontrer comme motif décoratif des ophidiens et des félins posés sur le bord et regardant vers l'intérieur. Les serpents apparaissent sous forme de lignes brisées, parallèles et de spirales. La symétrie est constante, tant pour la forme que pour la décoration.
Les anses, outre leur fonction de sustentation, font partie de la décoration et allègent le volume compact du récipient.
La plupart de ces récipients jouaient un rôle rituel puisqu'ils étaient utilisés lors des cérémonies de sacrifices de camélidés. C'est dans ces vases que l'on déposait les viscères de l'animal pour observer les bons et les mauvais augures. (A.M.G.)

234. VASE A DECOR COMPOSITE

M.f.V. - Berlin VA 47848 K110
Terre cuite
Hauteur: 36 cm; largeur: 12 cm

Culture chimú-inca
Horizon récent
1450 - 1533 p.C.

Ce récipient associe deux objets typiques de la culture inca, à savoir la *taclla*, ou bâton à fouir, et l'aryballe, la seule forme céramique originale créée par les potiers incas. Le vase s'orne d'un col céphalomorphe, un peu à la manière de la tradition de la côte septentrionale.

235. RECIPIENT AVIFORME

S.M.f.V. - München 52.11.1
Pierre
Hauteur: 13 cm; longueur: 33 cm

Culture inca
Horizon récent
1450 - 1533 p.C.

La forme générale du récipient évoque un oiseau relativement stylisé, peut-être un rapace.

236. VASE PHYTOMORPHE

M.A. - Madrid 11111
Terre cuite
Hauteur: 6 cm; longueur: 42 cm

Culture chimú
Intermédiaire récent
1100 - 1450 p.C.

Ce vase cérémoniel, de type *pajcha*, représente une cosse de haricot. A une extrémité, il présente un orifice d'entrée du liquide et, à l'autre, un bec.
La représentation figurative d'éléments d'usage quotidien, comme le haricot, un des produits de base de l'alimentation à l'époque préhispanique, se conjugue ici à la fonction rituelle de la *pajcha*. (A.M.G.)

237. BASSIN OU MORTIER EN FORME D'ETOILE

M.A.U.N.S.A.A.C. - Cuzco 740
Pierre
Hauteur: 12 cm; diamètre: 57 cm

Culture inca
Horizon récent
1450 - 1533 p.C.

La forme du récipient évoque les têtes de massues, en pierre ou en bronze, utilisées par les guerriers incas.

238. *CONOPA*

M.is. - Pachacamac TVP-1.0162
Pierre calcaire
Hauteur: 3,5 cm; longueur: 4,7 cm

1000 - 1100 p.C.
Provenant du Vieux Temple Peint
de Pachacamac

Les *conopas* sont de petites sculptures en pierre, parfois en métal, illustrant divers produits des activités paysannes des Incas.
L'agriculture comme l'élevage sont symbolisés, la première, par des figurines d'épis de maïs, le second, par de petits récipients figurant des camélidés (alpagas et lamas). L'un comme l'autre assuraient à l'homme péruvien une source d'approvisionnement mais nécessitaient le concours bienveillant des dieux qui garantissaient la régularité des cycles des saisons.
Ce *conopa* associe cinq épis de maïs, trois seins intercalés entre ces céréales, et un motif gravé illustrant probablement les champs irrigués. L'ensemble de la représentation serait l'image de *Mamazara*, la mère-maïs, une divinité essentielle dans le panthéon des populations se consacrant à l'agriculture.
Les *conopas* étaient parfois enterrées en bordure de champ, probablement pour s'assurer une bonne récolte.

239. VASE-ARCHITECTURE

M.A. - Madrid 10860
Terre cuite
Hauteur: 20,2 cm; longueur: 14,5 cm

Culture chimú-inca
Horizon récent
1450 - 1533 p.C.

Ce vase illustre une habitation à plan en U, pourvue de quatre fenêtres rectangulaires au-dessus desquelles court une bande monochrome qui entoure tout le vase. Le toit est à double pente. Elle comporte une décoration peinte composée de grecques scalaires et de motifs en épi.
La présence d'un double toit permet de supposer qu'il s'agit d'une demeure de zone pluvieuse, comme la *sierra*. Cette caractéristique, associée à la forme évasée du sommet du goulot - un élément appartenant clairement à la tradition inca -, démontre que le vase fut réalisé à une époque où l'influence de la culture inca sur les modèles chimús est déjà significative.
Appartenant à un ensemble funéraire, il est probable que cette pièce ait pu servir au défunt de maison symbolique dans l'au-delà. (A.M.G.)

240. VASE DOUBLE
A DECOR ZOOMORPHE

H.M.f.V. - Hamburg B.2045
Terre cuite
Hauteur: 19 cm; longueur: 16 cm

Culture chimú-inca
Horizon récent
1450 - 1533 p.C.

Les deux corps du récipient illustrent des coquillages, et plus précisément, des spondyles. Déjà durant l'Horizon ancien, ce coquillage faisait l'objet d'échanges ou de commerce entre la côte de l'Equateur, où on le trouve, et le Pérou où il est absent à cause du courant froid de Humboldt qui baigne le Pacifique à cet endroit.
Un second animal figure au sommet du goulot factice; il s'agit d'un félin, probablement un jaguar, animal dont la silhouette correspondrait aux contours de la ville du Cuzco à l'époque inca.

241. VASE ICHTYOMORPHE

P.M.A.E. - Cambridge 09-43-30/76008
Terre cuite
Hauteur: 9 cm; longueur: 28 cm; largeur: 21 cm

Probablement culture inca
Horizon récent
1450 - 1533 p.C.

Malgré l'absence de provenance, deux traits peuvent permettre d'attribuer ce vase en forme de poisson à la culture inca. Le premier, d'ordre morphologique, est lié à la présence d'un rebord sur le goulot, une caractéristique déjà rencontrée sur d'autres vases (239, 240).
Le décor peint sur le corps, à la manière des écailles de l'animal, fait également partie du répertoire iconographique inca.

242. ARYBALLE

M.R.A.H. - Bruxelles AAM 5473
Terre cuite
Hauteur: 38 cm

Culture inca
Horizon récent
1450 - 1533 p.C.

L'aryballe, ainsi appelée car elle évoque la forme du vase grec, est la seule création réelle des céramistes incas. La décoration peinte est à prédominance géométrique, une tendance qu'affectionnèrent les artistes incas, non seulement sur ce type de support mais aussi sur les récipients en bois (les *keros*) et les tissus. Un seul motif évoque une tête d'animal: il s'agit de l'élément en relief, situé sur l'épaule du vase, au-dessus de la série de losanges.
La qualité de facture, tant pour la forme que pour la décoration, correspond probablement au statut social du propriétaire. Les fouilles de certaines tombes du cimetière de Sacsahuaman ont permis de mettre au jour un certain nombre de ces aryballes. Toutefois, le décor en était rudimentaire et le reste du mobilier funéraire semblait indiquer qu'il a appartenu à un Inca de condition modeste.

243. VASE ANTHROPOMORPHE

A.I. - Chicago 1955.2411
Fonds Buckingham
Terre cuite
Hauteur: 23,8 cm; largeur: 18,4 cm

Culture chimú-inca
Horizon récent
1450 - 1533 p.C.
Provenant de la vallée de Lambayeque

Ce vase *pajcha* représentant une femme allaitant son enfant, montre clairement de quelle façon était transportée l'aryballe. Une sangle, passée entre les anses, plaque le récipient contre le dos. Un "crochet", généralement en forme de tête animale, empêche le glissement du vase. La sangle est alors nouée sur la poitrine ou passée autour du front. Ce vase était manifestement à usage rituel, comme l'indique le bec verseur placé sous les pieds croisés du personnage.

244. *FLORERO*

M.A.U.N.S.A.A.C. - Cuzco 2307
Terre cuite
Hauteur: 34 cm; diamètre: 14 cm

Culture inca
Horizon récent
1450 - 1533 p.C.

Le *florero*, ainsi dénommé à cause de son long goulot étroit, constitue l'élément d'une paire où les deux vases sont ornés des mêmes motifs. Comme pour l'aryballe, le décor est essentiellement peint, à l'exception du petit "tenon" placé sur l'épaule de la panse. Le décor peint s'inspire de motifs réalistes puisqu'on identifie aisément des images de fleurs, d'oiseaux et d'êtres humains aux traits curieusement géométrisés.
La verticalité du goulot est encore accentuée par un motif d'inspiration phytomorphe.

245. PEINTURE SUR TOILE

M.A.U.N.S.A.A.C. - Cuzco 61
Toile
Hauteur: 78 cm; largeur: 65 cm

Ecole du Cuzco
Période coloniale
XVIe siècle

Avec l'arrivée des Espagnols, de nouvelles formes d'expression artistique font leur entrée au Pérou et notamment au Cuzco, là où les Incas avaient établi leur capitale. La peinture sur toile sera une de ces formes qui semble avoir suscité l'intérêt des artistes indigènes. Tout en subissant l'influence de leurs "maîtres" d'origine européenne, ils ne renieront pas certaines "habitudes" picturales, héritées des images ornant les *keros*. Naturellement, les campagnes d'extirpation de l'idolâtrie devaient interdire la reproduction de scènes à caractère "païen". Cela n'empêcha nullement les peintres indiens de donner libre cours à leur perception du monde et de combiner des traits hérités de leur culture à ceux apportés par les Européens. Le résultat en est souvent remarquable, notamment lorsque l'on observe les saints guerriers.
Ainsi, une lecture attentive des motifs figurant sur la plupart des tableaux permet de mettre en évidence des détails au contenu inspiré par la religion interdite, celle qui fut "extirpée" par les évangélisateurs. L'audace de ces artistes ira jusqu'à représenter des motifs "païens" sur les autels des églises. Les scènes épiques, inspirées de faits réels ou légendaires de l'époque inca, restèrent autorisées; c'est le cas du tableau présenté ici. L'événement relate l'acte de la Ñusta Chana Cory Coca qui décapita un chef ennemi pour permettre la victoire de l'Inca. Outre l'héroïne et l'Inca, cinq autres personnages participent à l'action. Si le sujet paraît nettement inspiré par le récit de Judith et Holopherne - ce qui expliquerait pourquoi sa reproduction fut autorisée -, la présence d'un animal blanc - probablement un camélidé - et de deux félins de la bouche desquels sort un arc-en-ciel sont des traits typiquement incas, empreints de signification religieuse.

EL Gran Nusta chañan cori coca

246. BASSIN CEREMONIEL

M.A.U.N.S.A.A.C. - Cuzco 458
Or, argent
Hauteur: 13 cm; longueur: 20,7 cm

Attribué à la culture inca
Horizon récent - Epoque coloniale
XVe - XVIe siècle
Provenant du district de Andahuaylillas (Cuzco)

Le décor, exécuté selon les techniques de la ronde-bosse et du bas-relief, orne l'intérieur et l'extérieur du récipient. Sur la paroi externe défilent personnages et animaux, sous une frise de motifs en dents de loup.
Sur le rebord horizontal, pourvu de deux anses horizontales perforées, se dresse une aryballe déposée sur quatre pieds.
Le contenant du bassin réunit deux animaux, probablement des camélidés, et un être humain debout devant un bassin. Un second récipient allongé est posé devant l'un des animaux.
Si les divers motifs qui composent le décor portent les caractéristiques de l'art inca, la forme générale semble s'inspirer de récipients en usage parmi les Européens récemment arrivés au Pérou.

247. PONCHO

M.N.C.P. - Lima 51/77
Soie, coton, laine
Dimensions: 180 x 176 cm

Transition
Probablement XVIIe - XVIIIe siècle
Provenant du Cuzco

Ce poncho se compose de treize bandes, de largeur variable, tissées séparément selon la technique du reps.

Le contour est entièrement bordé de franges assujetties à un galon cousu au vêtement au moyen d'un fil de soie bleu.
Sur le fond de reps, les divers motifs linéaires ont été brodés avec des fils de diverses couleurs.

248. PIECE DE TISSU

R.P.M. - Hildesheim V.9000
Laine, coton
Dimensions: 53,5 x 78 cm

Epoque coloniale
XVIe siècle

Les Espagnols apporteront aux Incas un nouveau répertoire iconographique pour leurs textiles. Jusqu'à leur arrivée, les tisserandes incas s'étaient conformées aux patrons imposés qui ne comprenaient que des motifs géométriques ou des motifs à caractère symbolique dont nous ignorons la signification.
Sur ce tissu, les motifs s'inspirent largement de la nature en reproduisant quadrupèdes, oiseaux et motifs végétaux. Seules quatre bandes de motifs géométriques dénotent encore une "influence" inca ou, plus exactement, une réminiscence de ces motifs qui possédaient probablement une signification rituelle.

249. VASE ANTHROPOMORPHE

M.A. - Madrid 7701
Anciennes collections royales
Terre cuite, argent
Hauteur: 17 cm; longueur: 14,8 cm

Tradition chimú-inca récent et coloniale
XVIe siècle

Le vase représente un personnage féminin assis, les jambes croisées, l'une d'elles tenue dans les mains.
Le modelé de la tête et des vertèbres est remarquable ainsi que les incisions qui dessinent les côtes et le nombril, et le travail de la plante des pieds.
Le bouchon du goulot, le casque du personnage et un collier à éléments circulaires ont été confectionnés en ar-

gent. De même, l'anse du goulot ornée de motifs végétaux et le long bec verseur zoomorphe à décor végétal ont été exécutés en argent mais selon une technique différente.
Les oreilles, cassées, étaient perforées pour permettre d'y pendre des ornements.
Le vase, conçu comme une petite jarre, conserve un caractère funéraire évident.
La combinaison de céramique et d'argent montre une nette influence européenne interprétée par les artistes indigènes, tant au niveau du thème et du symbolisme que dans le traitement esthétique.
Cette pièce faisait partie du lot remis par le vice-roi du Pérou en 1756. Conservé à l'origine dans le palais du Buen Retiro, il passa au Gabinete de Historia Natural, à la fin de l'année 1775. (P.C.C.)

250. *MATE* A DECOR PYROGRAVE

M.N.C.P. - Lima 51/124
Calebasse
Hauteur: 33 cm; diamètre: 11 cm

Epoque coloniale
XVIIIe siècle

Cette calebasse en forme de gourde s'orne d'un décor gravé et brûlé, à la manière des calebasses trouvées à Huaca Prieta et datant du Précéramique. Si le décor de celle-ci ne présente aucune similitude avec ceux des périodes préhispaniques, il n'en demeure pas moins le témoin de la perpétuation d'une certaine tradition artistique, encore vigoureuse de nos jours.
Sur la panse, le décor se compose de quatre médaillons ovales contenant chacun un personnage masculin vêtu, selon les usages du XVIIIe siècle, d'une lévite et d'un chapeau à larges bords. Des fleurs, des animaux et des grecques complètent le décor.

251. CHAPEAU

M.A. - Madrid 13550
Collection José Pavón
Gabinete de Historia Natural

Plumes, raphia, corde
Hauteur: 11 cm; diamètre: 32 cm

XVIIIe siècle

Ce chapeau de plumes est construit sur une armature de roseau soigneusement tressée. Il fut envoyé par le gouverneur-itendant de Trujillo, via le vice-roi du Pérou La Croix, en mars 1788. Il fut remis à Madrid par l'intermédiaire du botaniste José Pavón qui venait d'effectuer une expédition scientifique en Amérique du Sud. Le vice-directeur du Gabinete de Historia Natural le reçut le 4 mars 1790. Selon les documents qui accompagnaient l'objet, il avait été confectionné par les "Indiens infidèles de Pampahermosa", au Pérou. (P.C.C.)

252. CABINET

M.d.A. - Lima
MAL 2.3.23.V INC V-2.3/A-5/175
Bois, coquillage
Hauteur: 79 cm; largeur: 91,5 cm

Style baroque
XIXe siècle

Le meuble se compose de dix-huit pannonceaux peints illustrant diverses scènes. Certains d'entre-eux ont disparu mais ceux qui ont été conservés permettent de se faire une idée des thèmes abordés par l'artiste anonyme.
Parmi les peintures les plus remarquables, celle illustrant une partie des murailles de Sacsahuaman pourrait démontrer l'intérêt naissant pour les vestiges archéologiques. D'autres tableautins figurent des Indiens et des Indiennes; l'un d'eux est en train de travailler sur un métier à tisser à ceinture. Le dessin du meuble aurait pu faire croire que l'objet datait de l'époque de la vice-royauté. Or, la présence du pavillon républicain (rouge, blanc, rouge) indique bien que nous nous trouvons devant un meuble réalisé après l'indépendance du Pérou.

ART TEXTILE ET PLUMASSERIE

253. COURONNE D'ENFANT

M.A.U.N. - Trujillo U 2649
Argent, plumes, fibres végétales
Hauteur: 16 cm; diamètre: 8 cm

Culture chimú
Intermédiaire récent
1100 - 1450 p.C.

Cette parure, probablement destinée à un enfant de haut rang, se compose d'un corps cylindrique en argent sur lequel ont été collées des plumes de diverses couleurs. Le motif décoratif, limité aux bords supérieur et inférieur, est composé de vagues successives de teintes différentes.
Le tout est complété par une couronne de plumes jaunes.
Les quelques rares exemplaires connus de couronnes de plumes sont généralement taillés dans le bois; ici, le fait d'utiliser le métal pourrait aussi être la raison des dimensions réduites de la parure.
Cette œuvre montre la maîtrise des "maîtres-plumassiers" péruviens de l'époque préhispanique. A l'égal de leurs confrères mexicains, les artisans péruviens sont parvenus à de spectaculaires résultats en combinant les plumes de différentes couleurs sur des supports aussi divers que le bois, le roseau tressé, le tissu ou le métal. Par ailleurs, cette tradition se perpétuera bien après la Conquête et elle enthousiasmera les Espagnols qui firent confectionner de véritables tableaux de plumes illustrant des scènes de la vie religieuse.

254. COIFFE

M.R.A.H. - Bruxelles AAM 66.6
Plumes, fibres végétales
Longueur: 50,5 cm

Culture chimú
Intermédiaire récent
1100 - 1450 p.C.

Cette coiffure, uniquement composée de plumes blanches, a été confectionnée sur une armature en fibres végétales tressées.
Sa forme évoque les parures figurant sur certaines représentations de personnages, notamment dans les scènes en bas-relief. Sur celles-ci, elle est aisément identifiable grâce à la partie supérieure en demi-cercle.

255. DISQUE D'OREILLE

M.R.A.H. - Bruxelles AAM 70.10
Bois, plumes
Diamètre: 13 cm

Culture chimú
Intermédiaire récent
1100 - 1450 p.C.

Le motif central se compose d'un personnage portant une coiffure identique à celle décrite ci-dessus (254). Autour de lui, des cercles disposés en deux registres accentuent l'aspect circulaire de cette parure.
Contrairement à la petite couronne où le support était un cylindre de métal, ici les plumes ont été collées sur une forme en bois.
Ces mêmes disques ornent souvent les oreilles des personnages importants représentés sur divers supports.

256. HAUTE COIFFURE

M.R.A.H. - Bruxelles AAM 46.7.239
Laine, coton, fibre végétale, plumes
Hauteur: 49,5 cm; diamètre: 24 cm

Culture Nazca
Intermédiaire ancien
100 - 600 p.C.

Cette coiffe tubulaire n'existe actuellement qu'en un seul exemplaire connu. Elle se compose d'une armature tressée dessinant des motifs de croisillons, consolidée apparemment par les deux bandes de tissus ornées de motifs typiquement Nazca.
Le rebord, contrairement à nos coiffures européennes, ne constitue pas la base mais bien la partie supérieure, les deux plumets blancs venant se placer devant les oreilles.

257. TAPISSERIE DE PLUMES

M.R.A.H. - Bruxelles AAM 56.8
Coton, plumes
Dimensions : 160 × 80 cm

Culture Huari
Horizon moyen
700 - 1000 p.C.

Cette somptueuse pièce ornée de quatre rectangles de plumes jaunes et bleues faisait partie d'un ensemble trouvé à l'intérieur de jarres, sur le site de Ocoña - La Victoria. Quelques-unes de ces tapisseries, conservées dans d'autres musées et collections privées, ont permis de noter les différences de dimensions entre les divers exemplaires et de constater que la technique utilisée fut probablement la même pour la centaine de pièces retrouvées.
La longueur de ces objets permet de supposer qu'il ne s'agissait pas de pièces vestimentaires mais plus probablement d'ornements destinés aux murs d'un lieu sacré.

258. PONCHO

S.M.f.V. - München X.1034
Coton, plumes
Longueur: 193 cm; largeur: 110 cm

Probablement culture Huari
Horizon moyen
700 - 1000 p.C.

L'exécution de motifs en plumes d'inspiration réaliste sur un fond de toile a le défaut d'empêcher l'obtention de lignes courbes, conférant ainsi aux représentations animales et humaines un caractère géométrique qui, souvent, contraste avec le traitement des mêmes sujets sur d'autres supports.

259. PERRUQUE

G.E.M. - Göteborg GEM 29.32.21
Cheveux, laine, coton, or
Hauteur: 125 cm; largeur: 100 cm

Culture Ica-Chincha
Intermédiaire récent
1100 - 1470 p.C.

Si les coiffures faisaient l'objet de soins, ainsi que nous avons pu le voir sur certaines pièces et à travers l'iconographie de diverses cultures, les cheveux ont également été un moyen d'expression artistique pour certaines cultures, notamment sur la côte méridionale où de nombreuses momies ont conservé une chevelure élaborée. La perruque, probablement déjà utilisée du vivant du défunt, devait jouer un rôle plus important encore, ainsi que le démontre la complexité de sa confection. Les longues et fines tresses de cheveux, surmontées d'écheveaux de laine rouge, sont tissées, à la partie inférieure, avec des fils de laine pour former un motif de damier. Sur le front, un ornement circulaire en or complète cette superbe parure.

260. BONNET

M.R.A.H. - Bruxelles AAM 59.2 2/3
Laine, coton
Hauteur: 9 cm; diamètre: 17 cm

Culture Huari
Horizon moyen
700 - 1000 p.C.

Ce genre de coiffe ne semble avoir été en usage que chez les Huari et utilise une technique de fabrication particulière puisqu'il ne s'agit pas de tissage mais d'un travail à l'aiguille où les fils de diverses couleurs sont passés entre une armature en corde. Naturellement, cette technique, étroitement liée à un support relativement rigide, ne pouvait permettre que l'exécution de motifs géométriques ou géométrisés.

261. BONNET A QUATRE POINTES

M.R.A.H. - Bruxelles AAM 46.7.284 2/2
Laine, coton
Hauteur: 24 cm; largeur: 16 cm

Culture Huari
Horizon moyen
700 - 1000 p.C.

Le type de coiffe rappelle celui décrit ci-dessus (260). Cependant, sa confection fut réalisée en plusieurs parties sur un métier à tisser.
Le décor géométrique est disposé en rangées obliques.

262. BONNET ET PERRUQUE

M.A.R. - Huaraz MAA 011
Laine, coton, cheveux
Longueur: 75 cm

Culture Chancay
Intermédiaire récent
1000 - 1450 p.C.

Ce bonnet funéraire en laine est pourvu d'une perruque composée de 67 tresses de cheveux dont les extrémités sont mêlées à des fils de couleurs. Son état de conservation indique que la pièce a du être enterrée sur la côte centrale du Pérou. En l'absence de traits stylistiques caractéristiques, seule l'expérience nous permet d'attribuer cette parure à la culture Chancay.

263. MAINS

M.P.E. - Roma 57574 - 57579 - 57570
Laine, coton
Hauteur: de 12 à 13 cm;
largeur: de 11 à 16,5 cm

Probablement côte méridionale
Probablement Intermédiaire récent
1000 - 1470 p.C.

Ces mains proviennent d'un tissu plus complet sur lequel elles devaient figurer en plus grand nombre. Il faut regretter que les fouilleurs clandestins, pour écouler leurs trouvailles, découpent des pièces textiles complètes. Cette attitude a amené la dispersion de fragments d'un même tissu dans différents musées, ce qui complique naturellement leur étude.

264. PIECE TEXTILE AVEC DECOR DE MAINS

R.J.M. - Köln, collection Ludwig 99
Laine, coton
Dimensions: 98 x 100 cm

Provenant de la côte sud
Période indéterminée

Cette œuvre textile, ayant conservé toute son intégrité, nous montre comment devaient être disposées les mains isolées décrites auparavant (263). Sur ce tissu, elles sont au nombre de trente-trois mais toutes sont différentes, marquant ainsi un manque d'uniformité.
La main figurant dans le coin supérieur droit a manifestement été ajoutée au tissu original; s'agit-il d'une réparation d'époque ou d'un ajout récent? Sur de nombreux tissus anciens, des réparations, des reprisages ont pu être observés, ce qui indique que leur propriétaire leur accordait certainement de la valeur.

265-269. ENSEMBLE DE CINQ POUPEES

M.P.E. - Roma
(265) 105822
(266) 105821
(267) 105820
(268) 105826
(269) 105819
Laine, coton, fibres végétales
Hauteur:
(265) 28 cm
(266) 36 cm
(267) 29 cm
(268) 27 cm
(269) 41 cm

Culture Chancay
Intermédiaire récent
1000 - 1450 p.C.

Ces poupées accompagnaient habituellement le défunt dans son voyage dans l'au-delà. Leur technique de fabrication est assez simple puisqu'elle consiste à enrouler des fils de laine autour de brindilles pour représenter les membres, à lui adjoindre une tête tissée séparément et à recouvrir le corps d'un vêtement. Malheureusement, de nombreux faux circulent, résultant du saccage de la nécropole de Chancay où les *huaqueros* récupèrent des fragments de tissus anciens pour confectionner des poupées récentes.

270. PAIRE DE LAMAS

M.R.A.H. - Bruxelles AAM 81.21 - 81.22
Laine, coton, fibres végétales
Hauteur: 11,5 et 11,5 cm;
longueur: 25,5 et 12,5 cm

Culture Chancay
Intermédiaire récent
1000 - 1450 p.C.

Les Chancay semblent avoir particulièrement apprécié les représentations de scènes de la vie quotidienne au moyen de figurines construites en laine et coton sur une armature de fibres végétales. Ici, les deux animaux représentent des lamas portant, semble-t-il, une charge sur le dos.
Ces camélidés, bien qu'originaires de l'*altiplano*, ont également été utilisés par les cultures de la côte péruvienne. Nazca, Mochicas, Chancay les ont souvent reproduits sur leurs vases pour montrer leur importance comme animaux de bât, les seuls connus des Péruviens de l'époque préhispanique.

271. PERSONNAGES SUR UNE EMBARCATION

M.R.A.H. - Bruxelles AAM 81.23
Laine, coton, fibres végétales
Hauteur: 10 cm; longueur: 30 cm

Culture Chancay
Intermédiaire récent
1000 - 1450 p.C.

Cette scène vient confirmer le goût des Chancay pour les scènes quotidiennes produites selon cette technique.
Ici, deux personnages (féminins?) occupent une embarcation en compagnie d'un animal. Ce dernier pourrait être un chien ou un jeune camélidé.

272. ARBRE

C.R.D.B. - Antwerpen
Bois, laine, coton
Hauteur: 66 cm

Culture Chancay
Intermédiaire récent
1000 - 1450 p.C.

Si animaux et êtres humains en laine et coton remplissent les tombes de la nécropole de Chancay, le monde végétal n'a pas été oublié. Ainsi, des représentations d'arbres ont-elles été retrouvées accompagnant les défunts dans leur voyage dans l'au-delà. Curieusement les oiseaux accrochés aux arbres semblent être des perroquets, animaux originaires des forêts tropicales.

273. *UNKU*

M.P.E. - Roma 59227
Laine, coton
Hauteur: 46 cm; longueur: 100 cm

Probablement culture Chancay
Intermédiaire récent
1000 - 1450 p.C.

Cette chemise comporte un décor réparti à l'intérieur de carrés. Les motifs sont alternativement géométriques et anthropomorphes. Les personnages, aux traits stylisés, sont flanqués, de part et d'autre des jambes, d'un oiseau.
La bordure inférieure est ornée d'un motif répétitif de S couchés, souligné par les franges.
Aux épaules et à l'encolure, une curieuse "ceinture" décorée de motifs scalaires ne semble avoir servi que de parure.

274. *UNKU*

M.R.A.H. - Bruxelles AAM 46.7.343
Laine, coton
Hauteur : 36 cm ; longueur : 86 cm

Culture Chancay
Intermédiaire récent
1000 - 1450 p.C.
Provenant de l'hacienda Umayo,
sur la côte centrale

Bien que décorée simplement de motifs scalaires et de grecques disposés en registres horizontaux, cette chemise démontre la maîtrise des tisserands Chancay, les seuls qui semblent avoir atteint la qualité des tissus produits par les artisans de Paracas. Il est probable que les conditions climatiques particulières de cette partie de la côte centrale aient permis, comme sur la côte sud, une meilleure conservation des matières textiles. De plus, la coutume d'envelopper les défunts sous de nombreuses couches de tissus devait accroître les possibilités de conservation. Ce type de vêtement semble avoir été réservé aux hommes, les femmes préférant la tunique, plus longue.

275. ENSEMBLE VESTIMENTAIRE

R.J.M. - Köln
Laine, coton
Dimensions:
bandeau: 15 × ca 430 cm
chemise: 180 cm
pagne: 214 × 120 cm

Culture chimú
Intermédiaire récent
1100 - 1450 p.C.

Les ensembles vestimentaires complets sont rares parmi les collections textiles des différents musées.
Cet ensemble se compose de trois pièces distinctes, toutes connues généralement par l'iconographie. Le premier ornement est un bandeau de tête, généralement porté à la manière d'un turban en laissant pendre les extrémités sur le dos.
La chemise ou *unku* est aisément identifiable par sa forme. Quant à la pièce de tissu rectangulaire, elle a été identifiée comme pagne, un terme peut-être mal approprié; en effet, ses proportions correspondent plus à une pièce de tissu que l'on enroule autour de la taille qu'à un vêtement que l'on passe entre les jambes. Cependant, les deux tenues ont existé sur la côte nord du Pérou.

276. PAGNE

M.f.Vo. - Wien 145.496
Laine, coton
Longueur: 101,5 cm; largeur: 27,4 cm
Probablement culture Chancay
Intermédiaire récent
1000 - 1450 p.C.

Contrairement à la troisième pièce vestimentaire de l'ensemble précédent, il s'agit bien ici d'un pagne complet, c'est-à-dire un vêtement passé entre les jambes puis noué autour de la taille au moyen de la ceinture.
La décoration se compose de trois registres qui correspondent à trois parties distinctes du vêtement.

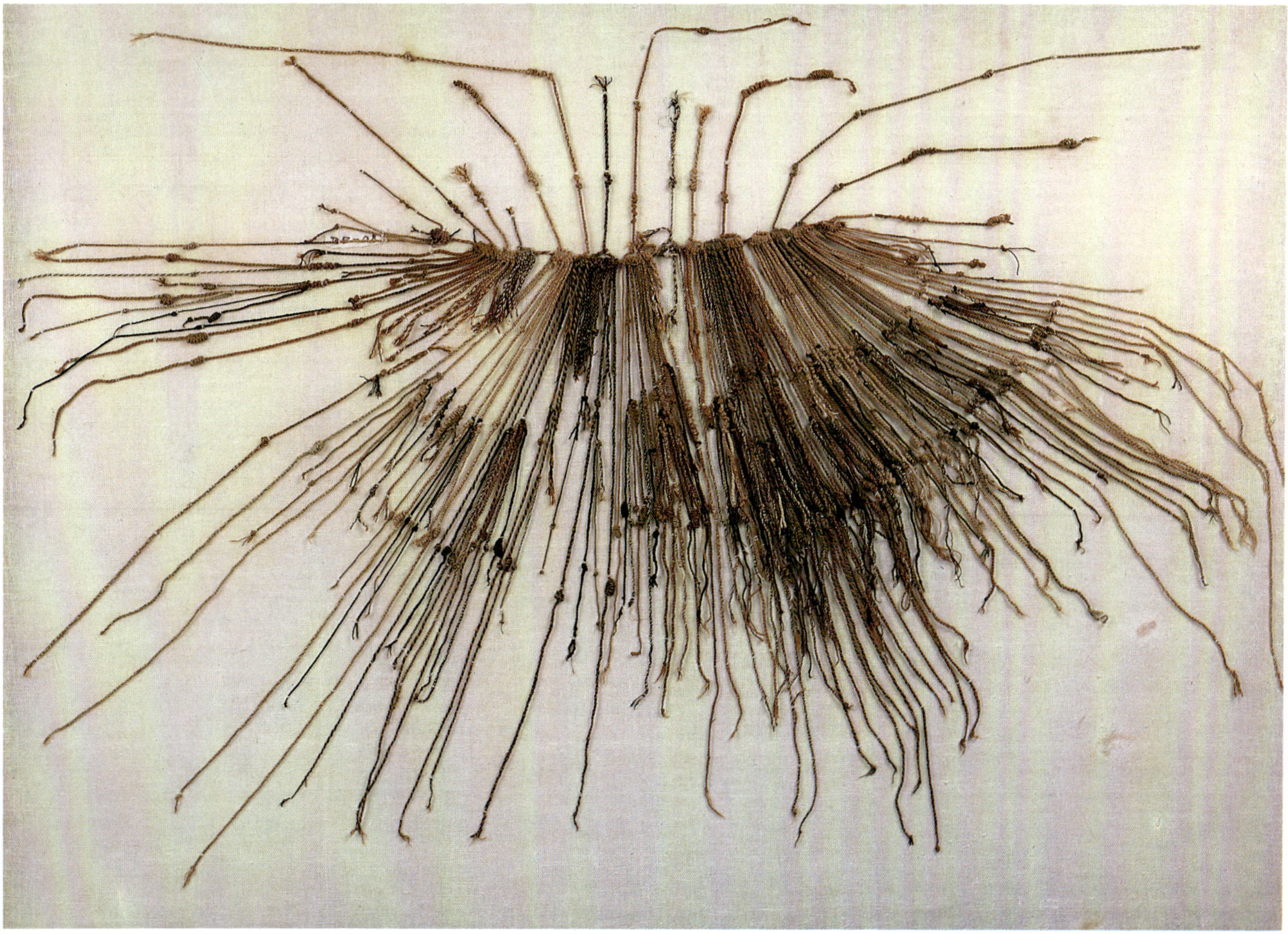

277. SAC

M.R.A.H. - Bruxelles AAM 46.7.324
Laine, coton
Dimensions du sac: 17 x 14 cm

Culture Chancay
Intermédiaire récent
1000 - 1450 p.C.

Les tisserands des différentes cultures préhispaniques du Pérou ont produit une abondance de sacs, aux dimensions et aux usages fort diversifiés.
La plupart des sacs retrouvés dans un contexte funéraire contenaient des feuilles de coca.

278. *QUIPU*

M.Ar.R. - Ica MRI-DB-132
Laine
Longueur: 90 cm; largeur: 85 cm
Culture inca
Horizon récent
1450 - 1533 p.C.

Le *quipu* fut pour les Incas, et surtout pour les fonctionnaires chargés de le "confectionner", un moyen mnémotechnique permettant d'enregistrer les tributs payés par les différents *ayllus* et les personnes recensées dans une contrée précise. Les "lecteurs" de *quipu* formaient un groupe de fonctionnaires particuliers, probablement formés par d'anciens *quipucamayocs*.
Aujourd'hui, en l'absence de tout contexte, il est vain de vouloir tenter d'interpréter tous les nœuds et les différentes couleurs des cordelettes. Tout au plus savons-nous que le nombre de tours de cordelette pour confectionner un nœud correspondait à une certaine quantité.
Si l'on se fie aux usages encore en vigueur de nos jours parmi les Indiens de l'*altiplano*, on peut supposer que le système numérique inca était basé sur le chiffre cinq, c'est-à-dire l'équivalent d'une main; cette façon de compter est encore répandue sur certains marchés de la *sierra* où les quantités sont toujours calculées sur base de la main.

279. TISSU PEINT

H.M.f.V. - Hamburg 60.37:1
Coton
Hauteur: 180 cm; longueur: 284 cm

Culture chimú
Intermédiaire récent
1100 - 1450 p.C.

Les grands tissus peints sont rares. Celui-ci, par ses dimensions, se révèle être une œuvre exceptionnelle.

Le décor polychrome est organisé autour de deux cadres carrés, chacun d'eux comportant une scène différente. A gauche, un personnage portant une corde au cou est entouré de personnages plus petits, subissant la même sanction. A droite, la scène réunit également des "prisonniers"; le personnage central semble appartenir à un rang social supérieur à celui de ses deux congénères, rang qui est symbolisé par la coiffure et le port d'ornements d'oreilles.
Autour de ces scènes s'avancent d'autres colonnes de personnages portant la corde au cou.
Des représentations d'animaux bicéphales et de quadrupèdes complètent l'encadrement.

280. CHEMISE

M.R.A.H. - Bruxelles AAM 5815
Coton, argent
Dimensions: 76 × 80 cm

Culture Chimú
Intermédiaire récent
1000 - 1450 p.C.

Toutes les décorations des tissus ne sont pas le résultat de combinaisons de fils de couleurs. Sur cette pièce vestimentaire, le fond de toile en coton est rehaussé par la présence de petits poissons d'argent découpés et cousus sur le vêtement. Seul le bord inférieur comporte un fin liseré de fils multicolores.

281. PONCHO

G.E.M. - Göteborg 35.32.186
Laine, coton
Hauteur: 71 cm; largeur: 72,5 cm

Culture Paracas
Style Necrópolis
Intermédiaire ancien
400 - 100 a.C.

La production textile Paracas, une des plus anciennes du Pérou, demeure incontestablement celle qui suscite l'émerveillement du spectateur. Plus jamais, après la disparition de cette culture, des textiles de cette qualité ne seront produits, même si la culture Chancay peut s'enorgueillir d'avoir fabriqué quelques belles pièces de tissus.
Ces ponchos, les grands *mantos* portent tous une décoration abondante, généralement organisée en damier autour d'une zone décorative entourant l'encolure. Le bord également était orné différemment.
Si, au premier abord, le motif principal peut paraître identique dans chaque case, une observation plus attentive permet de noter que la combinaison des couleurs d'un même motif varie par rapport à celui qui le précède et celui qui le suit. Ce n'est qu'après avoir reproduits huit, douze ou seize motifs "différents" qu'une même combinaison de coloris est réutilisée.

ART DU BOIS

282. STATUETTE ANTHROPOMORPHE

M.R.A.H. - Bruxelles AAM 5713
Bois
Hauteur: 53,3 cm; largeur: 17 cm

Culture chimú
Intermédiaire récent
1100 - 1450 p.C.

L'image de cette statuette est devenue célèbre grâce à Hergé qui l'utilisa lors d'une aventure de Tintin: "L'Oreille Cassée". Toutefois, ce merveilleux dessinateur l'avait attribuée à un peuple imaginaire: les Arumbayas.
En réalité, cette statuette, et toutes celles qui lui ressemblent, ont été sculptées par des artisans chimús.
Celles retrouvées dans un contexte archéologique proviennent des fouilles de certaines citadelles de Chan Chan et des *huacas* avoisinant ce site.
Notre œuvre est malheureusement dépourvue de contexte. Toutefois, ses caractéristiques sont propres à ce type de représentation humaine: la coiffure de forme trapézoïdale et le pagne triangulaire semblent avoir été les vêtements les plus répandus chez ces personnages.
Les motifs travaillés en creux portent parfois des traces noirâtres qui ont été identifiées comme de la colle d'origine végétale. La présence de cette matière nous permet donc de supposer que les oreilles, les yeux, les doigts, les orteils ainsi que certaines autres parties du corps étaient rehaussées d'incrustations.
Les attitudes de ces statuettes varient et semblent indiquer des fonctions ou des activités différentes.

283. STATUETTE ANTHROPOMORPHE

Tac. - Trujillo OV 24 N°5/2851
Bois de caroubier
Hauteur: 53,5 cm; largeur: 19,5 cm

Culture chimú
Intermédiaire récent
1100 - 1450 p.C.
Provenant de la Huaca Tacaynamo

Si l'attitude du personnage et la forme générale rappelle les deux statuettes précédentes, la technique décorative utilisée est, quant à elle, complètement différente; en effet, les seuls emplacements susceptibles d'avoir contenu des incrustations sont les yeux et les oreilles (ou disques d'oreilles). Par contre, tout le corps - à l'exception de la tête peinte en rouge - et les vêtements sont couverts de traits verticaux alternant les couleurs rouge, brune, jaune et crème. Signalons que mains et pieds sont dépourvus de doigts et d'orteils.

284. STATUETTE ANTHROPOMORPHE

Tac. - Trujillo PV.24/6
Bois de caroubier, nacre
Hauteur: 54,2 cm; largeur: 19,5 cm

Culture chimú
Intermédiaire récent
1100 - 1450 p.C.
Provenant de la Huaca Tacaynamo

Sculpté dans la même position que la statuette précédente, portant les mêmes vêtements, ce personnage est décoré de façon beaucoup plus réduite, du moins en ce qui concerne les motifs incrustés. Ceux-ci se limitent au bandeau horizontal de la coiffe.
Certaines parties de la décoration et du corps portent encore des fragments d'incrustations; la matière utilisée est du coquillage.
Comme le personnage précédent, le visage a été peint en rouge. Par contre, le corps est recouvert d'une teinte noire.

285. STATUETTE ANTHROPOMORPHE

Tac. - Trujillo PV.24/6/60
Bois de caroubier
Hauteur: 58,2 cm; largeur: 19,4 cm

Culture chimú
Intermédiaire récent
1100 - 1450 p.C.
Provenant de la Huaca Tacaynamo

Les fouilles de la Huaca Tacaynamo, un site périphérique de Chan Chan, ont permis de mettre au jour une série de ces sculptures de bois dont quatre semblent représenter des personnages s'adonnant à la même activité. Certains auteurs les identifient à des chasseurs, à cause du bras droit levé qui pourrait correspondre au lancement d'une arme.
Cependant, cette même position de bras et le nombre de personnages sculptés de cette façon (quatre) permet d'avancer l'hypothèse qu'il s'agit de porteurs d'une litière, une fonction importante dans la société chimú si l'on se fie aux objets qui la représentent.
Coiffure et pagne sont de formes identiques à ceux décrits pour une autre statuette (282). Par contre, le corps - c'est-à-dire les bras, les jambes, la poitrine et le dos - est couvert de motifs aviformes creux, des lacunes qui contenaient à l'origine des incrustations. L'oiseau représenté est identifié par certains comme un pélican, une espèce fort répandue sur la côte péruvienne.
Le visage est peint en rouge.

286. STATUETTE ANTHROPOMORPHE

Tac - Trujillo PV.24-6/12
Bois de caroubier, nacre
Hauteur: 57 cm; largeur: 20,5 cm

Culture chimú
Intermédiaire récent
1100 - 1450 p.C.
Provenant de la Huaca Tacaynamo

Cette statuette est probablement une des rares à avoir conservé une grande partie de son décor incrusté. Le motif principal évoque un poisson.
Comme les trois autres statuettes provenant de la Huaca Tacaynamo, celle-ci a également le visage peint en rouge.

287. STATUETTE ANTHROPOMORPHE

M.A.U.N. - Trujillo U 260
Bois de balsa
Hauteur: 44 cm; largeur: 14 cm

Culture chimú
Intermédiaire récent
1100 - 1450 p.C.

Cette statuette, moins bien conservée que la suivante, présente avec celle-ci des similitudes: la malformation de la poitrine et du dos, les motifs d'oiseaux incrustés, le bol tenu dans la main gauche, le visage peint en rouge. Par contre, la position de la main droite est différente puisqu'ici, elle ne vient pas couvrir le bol.

288. STATUETTE ANTHROPOMORPHE

M.A.U.N. - Trujillo U 263
Bois de balsa
Hauteur: 44 cm; largeur: 15 cm

Culture chimú
Intermédiaire récent
1100 - 1450 p.C.

Ce personnage présente une malformation physique; il s'agit d'un bossu, comme l'indiquent les proéminences de la poitrine et du dos, tenant dans les mains un récipient à décor géométrique incrusté.
La coiffure et le pagne sont identiques aux œuvres précédentes, du moins en ce qui concerne la forme.

Des motifs aviformes ornent la poitrine et les épaules et le visage porte encore des traces de peinture rouge.
Si les statuettes précédentes étaient conçues pour être posées sur leurs pieds, celle-ci porte encore un "moignon" de support sur lequel elle repose. Il est probable que cette statuette participait à des "processions".

289. STATUETTE ANTHROPOMORPHE

M.A.U.N. - Trujillo U 259
Bois de balsa
Hauteur: 40 cm; largeur: 19 cm

Culture chimú
Intermédiaire récent
1100 - 1450 p.C.

Ce bossu, que l'on peut apparenter aux deux statuettes précédentes, est représenté assis jambes croisées, le bol à décor géométrique tenu dans la main droite.
La poitrine et le dos sont ornés d'oiseaux dont l'incrustation a disparu.
Le visage porte encore des traces de peinture rouge.

290. STATUETTE ANTHROPOMORPHE

M.A.U.N. - Trujillo U 256
Bois de balsa
Hauteur: 50 cm; largeur: 19 cm

Culture chimú
Intermédiaire récent
1100 - 1450 p.C.

Si l'attitude générale de cette statuette rappelle celle décrite ci-dessus, elle présente néanmoins deux traits qui lui sont propres: une coiffure en demi-cercle et un corps peint en noir portant encore les traces d'incrustations en forme de volutes.
La coiffure arrondie présente sur le bord inférieur une série de perforations qui permettent de supposer que des accessoires devaient y être accrochés.

291. STATUETTE ANTHROPOMORPHE

M.A.U.N. - Trujillo U 229
Bois de sapotier
Hauteur: 52 cm; largeur: 17 cm

Culture chimú
Intermédiaire récent
1100 - 1450 p.C.

L'attitude générale du personnage évoque celle des personnages que nous avons identifiés comme étant des porteurs de litière. Toutefois, les motifs décoratifs n'évoquent plus le monde animal mais plutôt le monde des plantes. Les divers motifs phytomorphes couvrent tout le corps, à l'exception du visage qui porte la traditionnelle peinture rouge.

292. STATUETTE ANTHROPOMORPHE

M.A.U.N. - Trujillo U 57
Bois de sapotier
Hauteur: 53 cm; largeur: 16 cm

Culture chimú
Intermédiaire ancien
1100 - 1450 p.C.

Portant des traces d'incrustations évoquant une forme d'oiseau sur la coiffe, la poitrine, le dos et les jambes, cette statuette rappelle les porteurs de litière provenant de la Huaca Tacaynamo. Cependant, le geste du bras droit indique clairement une fonction différente pour ce personnage. La main levée pourrait signifier une marque de pouvoir, de domination. Ce statut marquerait une nette différence par rapport aux autres personnages déjà décrits qui semblent plutôt appartenir à une classe sociale différente de celle détenant le pouvoir.

293. STATUETTE ANTHROPOMORPHE

M.A.U.N. - U 18
Bois de caroubier
Hauteur: 79 cm; largeur: 25 cm

Culture Chimú
Intermédiaire ancien
1100 - 1450 p.C.

Bien que présentant des traits permettant d'assimiler cette œuvre aux précédentes, elle s'en distingue par divers détails qui en font une statuette tout-à-fait originale.
La première particularité concerne le poids de la pièce, proportionnellement plus élevé que celui des autres. Mais les différences les plus importantes se rapportent à la facture de l'œuvre; alors que les oreilles - ou disques d'oreilles - des autres représentations sont de simples formes circulaires ornées d'un disque de coquillage, ici la parure pend aux lobules; en outre, elle est véritablement sculptée.
Le traitement des mains et des pieds, plus réaliste que celui observé sur les autres statuettes, caractérise également cette sculpture.
Une dernière particularité concerne l'objet que ce personnage serre entre les mains: la forme évoque celle d'un gobelet, peut-être présenté dans le cadre d'une cérémonie. On peut imaginer que le personnage participe à une cérémonie comparable à la Cérémonie de Présentation, pratiquée chez les Mochicas.
Une œuvre fort similaire fut également découverte dans une niche située à l'entrée principale de la citadelle Rivero de Chan Chan.

294. "RAME" OU LANCE

S.M.f.V. - München X.857
Bois
Longueur: 63,5 cm

Culture Lambayeque
Intermédiaire récent
1000 - 1200 p.C.

Bien qu'attribuée à la culture Lambayeque, culture pour laquelle nous n'avons que très peu d'objets de ce type, les motifs sculptés en bas-relief sur cette pièce de bois rappellent ceux produits en de nombreux exemplaires par les artisans Huari. Ainsi, on peut reconnaître un personnage aux bras levés, serrant un objet ou un animal dans chaque main; par son attitude, il rappelle le Dieu-aux-Bâtons ou le dieu principal figurant sur la Porte du Soleil à Tiahuanaco.
Un second personnage, présenté de profil, évoque un des personnages ailés accompagnant le dieu du même monument.
Par contre, les motifs complémentaires illustrant des oiseaux et des quadrupèdes montrent des similitudes avec ceux qui orneront plus tard les frises des édifices chimús.

295. "SCEPTRE"

G.E.M. - Göteborg GEM 21.2.7
Bois
Hauteur: 131 cm; largeur: 9,5 cm

Culture Ica-Chincha
Intermédiaire récent
1100 - 1470 p.C.

La décoration de ce bâton ou "sceptre" se compose d'une série de motifs scalaires disposés sur la hampe alors que le sommet s'orne d'une représentation d'oiseau à long bec, peut-être un pélican, une espèce fort répandue dans cette contrée et que l'on trouve souvent associée au poisson. Cette référence à la mer s'explique aisément lorsque l'on sait l'importance de son rôle dans la diète des populations de la côte.

296. RAME CEREMONIELLE

R.J.M. - Köln Collection Ludwig 104
Bois
Longueur: 204 cm; largeur: 18,2 cm

Culture Ica-Chincha
Intermédiaire récent
1100 - 1470 p.C.

Ces rames cérémonielles ont pu également servir de gouvernail pour les embarcations utilisées lors de la navigation en mer.
Le décor de celle-ci se compose également d'oiseaux disposés régulièrement sur la hampe.
La "poignée" est décorée apparemment des mêmes motifs exécutés en ajouré.

297. RAME CEREMONIELLE

R.J.M. - Köln Collection Ludwig 103
Bois
Longueur: 204 cm

Culture Ica-Chincha
Intermédiaire récent
1100 - 1470 p.C.

Les objets de ce type, identifiés comme des rames à cause de leur forme et considérés comme ayant eu un usage cérémoniel à cause de leur décor, ont généralement été découverts dans un contexte funéraire. Plantés comme des poteaux, ils semblaient signaler l'emplacement des lieux d'inhumation.

Sur cet exemplaire, le décor se compose uniquement de la répétition du même motif aviforme. L'oiseau, pourvu d'un long bec semblable à celui du pélican, couvre le bord supérieur de la pelle ainsi que la hampe. L'individu ornant le sommet de l'objet est isolé et de plus grandes dimensions que les autres.

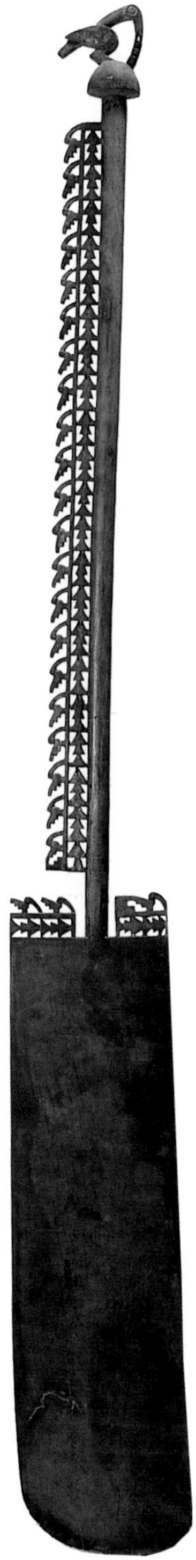

298. RAME CEREMONIELLE

S.M.f.V. - München 358
Bois
Longueur: 192 cm; largeur: 25 cm

Culture Ica-Chincha
Intermédiaire récent
1100 - 1470 p.C.

Cette rame cérémonielle diffère de par sa forme des modèles décrits auparavant. En effet, la pelle constitue ici l'élément principal de l'outil. Cette partie n'est ornée que d'une série de motifs scalaires taillés en relief sur le bord supérieur ainsi que de deux traits de peinture rouge appliquée sous l'ouverture destinée à la prise en main.
La poignée porte deux frises superposées; celle du haut se compose de six personnages portant une coiffure semicirculaire. En dessous, séparé des figures humaines par une série de perforations en losange, sont alignés six oiseaux à long bec, peut-être des pélicans.

299. RAME CEREMONIELLE

G.E.M. - Göteborg GEM 90.5.1
Bois
Longueur: 103,5 cm; largeur: 17 cm

Culture Ica-Chincha
Intermédiaire récent
1100 - 1470 p.C.

Comme la rame précédente, celle-ci se compose d'une longue pelle plane, terminée à l'une des extrémités par une pointe, alors que l'autre côté supporte un rectangle sur lequel se dressent trois figures d'oiseaux sculptées.

300. PAIRE DE CALEBASSES A CHAUX

M.R.A.H. - Bruxelles AAM 46.7.216 1/2 2/2
Calebasse, bois et os
Hauteur: 16,4 cm

Culture inconnue
Intermédiaire récent
1000 - 1450 p.C.

Ces deux récipients à chaux proviennent probablement d'un même ensemble archéologique et devaient former une "paire" malgré les différences de décor.
Le récipient se compose de deux parties qui sont, d'une part, le contenant proprement dit provenant d'une calebasse évidée et, d'autre part, un "bouchon-spatule" qui sert à la fois à obturer le récipient et à extraire une dose de chaux ou de coquillage broyé.

En fait, les *poporos* - nom local donné à ces calebasses à chaux, appartiennent au complexe de la coca. En effet, pour que la feuille de coca révèle la cocaïne qu'elle contient, il est nécessaire de déposer une certaine quantité d'alcali (comme la chaux ou, à défaut, le coquillage broyé) pour que la réaction se produise. A l'époque préhispanique, et encore de nos jours, les autochtones transportent avec eux ces petits récipients faits de calebasses évidées.
Objet utilitaire mais également rituel, sa décoration a souvent fait l'objet de soins.

301. QUENOUILLE

M.f.Vo. - Wien 15.075
Bois
Hauteur: 62,9 cm

Culture chimú
Intermédiaire récent
1100 - 1450 p.C.

Cet instrument, accessoire d'une des phases du travail textile, est souvent confondu ou interprété comme un bâton à caractère cérémoniel, une sorte de sceptre utilisé dans le contexte de certains rites. En réalité, cet objet est illustré par Guaman Poma de Ayala dans son ouvrage *Nueva Crónica y Buen Gobierno*. On peut y observer un certain nombre de femmes réunies dans un *acllahuasi* et tenant toutes un objet identique à celui présenté ici, surmonté d'une touffe de laine. Il ne s'agit donc que d'une quenouille, un outil destiné à retenir la laine brute pendant le filage à la fusaïole.
Manifestement, ce type d'objet ne devait pas être extrêmement répandu, les exemplaires qui nous sont parvenus étant peu nombreux. Peut-être étaient-ils réservés aux femmes choisies de l'Inca, alors que les autres femmes filaient la laine sans l'aide de cet instrument.

302. BOITE

M.A.U.N. - Trujillo U 250
Bois
Hauteur: 19 cm; longueur: 36 cm; largeur: 19 cm

Culture chimú
Intermédiaire récent
1100 - 1450 p.C.

La boîte se compose d'un coffre monoxyle et d'un couvercle. C'est ce dernier qui porte toute la décoration. Elle consiste en six cadres rectangulaires disposés sur deux rangs superposés. Chaque rectangle du rang supérieur enferme deux quadrupèdes. Les rectangles du bas ne comprennent qu'un seul animal, de taille plus grande que ceux du haut.
Juste sous les longs bords supérieurs du coffre ont été pratiquées quatre perforations, deux de chaque côté. Sur le couvercle, à chacune des perforations du coffre en correspond une autre; ceci nous rappelle les perforations pratiquées sur la boîte Huari en céramique (179) qui permettaient le passage de ficelles maintenant le couvercle fermé. On peut raisonnablement penser que les perforations de cette boîte en bois avaient une même destination.

303. BOITE

A.I. - Chicago 55.2008
Bois
Hauteur: 8,9 cm; longueur: 18,7 cm

Culture chimú
Intermédiaire récent
1100 - 1450 p.C.

Cette boîte présente une conception légèrement différente de la précédente. En effet, le couvercle s'emboîte sur l'ouverture du coffre et la décoration en champlevé orne non seulement le couvercle mais aussi les faces verticales du contenant.

L'usage de ces boîtes est mal connu, la plupart d'entre elles nous étant parvenues dépourvues de contexte archéologique et, surtout, de contenu. Cependant, leur utilisation ne semble pas s'être limitée à un seul type d'objet. En effet, il est probable que du matériel de tissage réunissant des fusaïoles, des pelotes de fil, des aiguilles... ait été enfermé dans ce genre de boîte avant de l'enterrer avec son propriétaire. Rappelons-nous aussi que la boîte en terre cuite citée ci-dessus avait contenu des ossements d'oiseau et des plumes. Pourquoi ne pas imaginer dès lors un usage similaire pour cette boîte?

Sur le couvercle, la décoration consiste en deux personnages, semblables à ceux ornant les bas-reliefs des murs de certaines *huacas*. Ils sont séparés par un bandeau couvert de losanges. Les bords verticaux étroits portent une frise de motifs de vague.
La boîte proprement dite a été divisée en panneaux, chacun contenant une représentation. Sur une face longue, il s'agit de deux êtres mythiques portant une parure complexe. Sur la face opposée, un homme debout est confronté à deux oiseaux.
En réalité, toute l'iconographie évoque la décoration en bas-relief des murs de la Huaca del Dragón (ou Huaca del Arco Iris).

304. RECIPIENT A CHAUX

S.M.f.V. - München 455
Bois
Hauteur: 7,5 cm

Culture Lima
Intermédiaire ancien
400 a.C - 600 p.C.

Cet objet est important à deux titres. En premier lieu, la représentation d'un personnage double est assez rare parmi les cultures préhispaniques du Pérou. Le seul exemple célèbre est celui de "l'idole de Pachacamac", un long bâton comportant une image identique de personnage double ou de deux personnages adossés. Sur ce *poporo*, en comparant attentivement les deux personnages, on peut noter de légères différences dans l'armement et dans la coiffe. Le bâton de Pachacamac présente aussi cette particularité de comporter des personnages légèrement différents. S'agit-il alors d'un seul et même personnage jouant deux rôles différents ou de l'association de deux personnages dont les fonctions sont complémentaires?
Associer guerrier et coca possède tout son sens dans le monde préhispanique. De nombreuses représentations nous montrent souvent des guerriers en train de mâchonner des feuilles de coca ou de prélever de la chaux dans un récipient destiné à cet usage; cette consommation de la coca pouvait être la récompense des guerriers vainqueurs ou plonger ces mêmes guerriers dans un état d'excitation avant le combat.

305. MAQUETTE

G.E.M. - Göteborg GEM 66.41.1
Bois
Hauteur: 4 cm; longueur: 16,5 cm; largeur: 13,5 cm

Culture inca
Horizon récent
1450 - 1533 p.C.
Provenant probablement d'un site côtier

La destination réelle de ces objets demeure encore obscure. En effet, deux hypothèses s'opposent; la première, la plus répandue, prétend qu'il s'agit de maquettes, peut-être simplifiées, de villes ou d'autres modèles d'établissements incas. La seconde hypothèse, réunissant moins d'adeptes, identifie l'objet à un jeu où l'on déplaçait des "pions" d'une case à l'autre.

306. PLATEAU A COCA

R.P.M. - Hildesheim V.3039
Pierre
Longueur: 12,5 cm; largeur: 5 cm

Culture Tiahuanaco
Horizon moyen
600 - 1000 p.C.

L'usage de la coca semble avoir connu deux courants, chacun étant caractérisé par une façon différente de consommer cette drogue. Le premier est celui présenté lors de la description des *poporos* (300) qui comporte la consommation des feuilles de coca. Le second courant est associé à ces plateaux; ici, la drogue pulvérisée et déposée sur le plateau était aspirée par le nez au moyen d'un tuyau.
Le décor gravé présente des motifs disposés symétriquement, illustrant de haut en bas des têtes humaines surmontées d'une sorte de parure de plumes, des têtes de félins montrées de profil, deux muffles de félins vus de faces et deux têtes de rapaces disposées de profil.

307. PLATEAU A COCA

R.P.M. - Hildesheim V.5521
Bois
Longueur: 11,5 cm; largeur: 5,5 cm

Culture Tiahuanaco
Horizon moyen
600 - 1000 p.C.

Ce plateau, destiné au même usage que le précédent, a été taillé dans du bois. En guise d'anse figurent deux têtes de félins, animaux particulièrement répandus dans l'iconographie Tiahuanaco et Huari.
Pour l'autre plateau, nous signalions que ces objets appartenaient à une autre tradition de consommation de la coca. Et en effet, l'usage d'aspirer la drogue sous forme de poudre était également répandu parmi les Muiscas, une population colombienne de la région du Boyaca, et parmi certaines cultures du Chili. La coutume du *yopo*, chez certaines ethnies de l'Amazonie, serait un héritage de cette tradition.

308. CALEBASSE A DECOR INCRUSTE

M.A.U.N. - Trujillo U 121
Calebasse, nacre
Hauteur: 8 cm; diamètre: 13 cm

Culture chimú
Intermédiaire récent
1100 - 1450 p.C.

Le décor incrusté de cette calebasse consiste en un motif répétitif vaguement floral. Des formes triangulaires entourent un motif circulaire central, un peu à la manière des pétales d'une fleur autour du pistil.
Le bord est souligné uniquement d'incrustations circulaires.

309. CALEBASSE A DECOR INCRUSTE

S.M.f.V. - München 188
Calebasse, nacre
Diamètre: 16,5 cm

Culture chimú
Intermédiaire récent
1100 - 1450 p.C.

Le décor de ce récipient est plus complexe. Il est organisé autour d'un motif central illustrant un personnage mêlant traits humains et zoomorphes. Autour de lui, une ronde de six hommes, portant une coiffe élaborée, soulignent la forme du vase. Les espaces vides sont "comblés" par la présence de petits personnages et de figures de poissons.

310. CALEBASSE A DECOR GRAVE

H.M.f.V. - Hamburg 61.43: 5
Calebasse
Hauteur: 6,5 cm; diamètre: 6,5 cm

Probablement culture chimú
Intermédiaire récent
1100 - 1450 p.C.

Le décor consiste en deux représentations zoomorphes séparées par une surface contenant des motifs de losanges couverts de points.

311. CALEBASSE A DECOR PYROGRAVE

M.P.E. - Roma T1-64-F-3-6
Calebasse
Hauteur: 3,7 cm; diamètre: 21 cm

Culture Lima
Intermédiaire ancien
ca. 300 - 600 p.C.
Provenant de Cajamarquilla

La technique de la calebasse pyrogravée remonte à la période précéramique. L'exemplaire le plus ancien fut retrouvé par Junius Bird durant les fouilles du site de Huaca Prieta, dans la vallée de Chicama (La Libertad). Aujourd'hui encore, des artisans proposent des calebasses pyrogravées dont le décor s'inspire des fêtes et des activités agricoles.

312. STATUE ANTHROPOMORPHE

M.A.R. - Huaraz MAA 276
Bois de *chachacoma*
Hauteur: 140 cm; largeur: 24 cm

Culture Recuay
Intermédiare ancien
400 a.C. - 300 p.C.

La facture de cette sculpture apparaît bien rudimentaire par rapport à d'autres représentations anthropomorphes taillées dans le même matériau. Les détails anatomiques sont fortement stylisés, à l'exception de la bouche où, curieusement, figurent les dents.
L'attribution de cette œuvre à la culture Recuay demeure en fait douteuse. En effet, cette œuvre n'a pu être conservée dans cet état que si elle provient d'un site de la côte. Cette provenance est plausible puisque certains auteurs situent l'origine de la culture Recuay dans cette partie du Pérou.

313. TETE HUMAINE

M.Ar.R. - Ica MRI-DB-01
Bois
Hauteur: 50 cm; largeur: 28 cm

Culture Nazca
Intermédiaire ancien
100 - 700 p.C.

Si la culture Ica-Chincha, qui succède à la culture Nazca après l'interruption Huari, nous a laissé de nombreux exemplaires de travail du bois, la culture Nazca, dominée par la "dictature" de la peinture polychrome, n'a produit que fort peu d'objets taillés dans le bois. Il est vrai qu'il ne s'agit pas d'une œuvre en ronde-bosse mais plutôt de la représentation d'un visage se détachant d'un fond rectangulaire. Même le modelé du visage se limite à quelques traits.

314. MASQUE FUNERAIRE

M.R.A.H. - Bruxelles AAM 43.23
Bois
Hauteur: 25 cm; largeur: 20,5 cm

Culture Chancay
Intermédiaire récent
1000 - 1450 p.C.

Cet objet représentant un visage humain peint en rouge est improprement appelé masque. Plus exactement, il faudrait utiliser le terme de visage factice, remplaçant celui du défunt qui disparaissait, ainsi que son corps, sous d'épaisses couches de tissus. La quantité de textiles était telle qu'il devenait alors impossible de distinguer l'avant de l'arrière. C'est là que le masque funéraire avait toute son utilité puisqu'il était fiché ou fixé sur le *fardo*.
La tradition du masque funéraire n'est pas limitée à la seule culture Chancay. En effet, d'autres cultures en ont paré leurs défunts. Ainsi, chez les Mochicas, les grands seigneurs avaient le bas du visage caché sous un masque de "bouche". Les Nazca posaient une tête en bois couverte de plumes de différentes couleurs pour signaler les différents traits du visage. A Chancay, d'autres *fardos* comportaient des masques en toile aux traits peints.
Contrairement aux masques et personnages masqués présentés dans ce catalogue, qui tous illustraient des personnages à caractère divin, dans le cas des masques funéraires, ce sont les traits humains qui sont reproduits.

315. *PAJCHA*

M.A. - Madrid 7572
Collection Juan Larrea
Bois
Hauteur: 15,7 cm; longueur: 68,5 cm

Culture inca
Horizon récent
1450 - 1533 p.C.

Le récipient est composé d'un bol aviforme comportant un orifice à sa base qui communique par l'intérieur du long manche avec l'animal situé au-dessus de lui. De cette façon, le liquide versé dans le bol passait à travers ce conduit intérieur et ressortait par l'orifice que l'animal possède en bouche. Le liquide coulait alors dans le petit abreuvoir placé devant l'animal puis parcourait le canal sinueux passant entre ses pattes pour arriver à l'extrémité du manche. La décoration peinte, sur la partie inférieure du bol, se compose de fleurs de *chiwanway* (*Zephiranthes tubiflora*) stylisées, de visages et de deux figures de jaguars, alors que des fleurs de *chimpu chimpu* (*Fucsia boliviana*) ornent la partie supérieure. Sur cette dernière, on note une scène qui représente un Inca assis, portant ses attributs de rang, et la *Colla* avec des fleurs de *sullusullu* (*Bomarea uniflora*). La représentation de la lune et du soleil avec un profil humain et de deux personnages, l'un brandissant une arme derrière un animal, et l'autre, une femme, assise avec deux *keros* accompagnant une aryballe, complète le décor.
Les représentations des divinités incas, le soleil et la lune, sont celles des divinités apportant la pluie de fertilité. Cet événement est lié à la *pajcha* et, durant son rituel, on utilisait les *keros* que l'on remplissait du liquide contenu dans une grande aryballe. Les femmes se chargeaient de transvaser les boissons. Ce type de récipient était utilisé pour offrir des libations à la terre lors des rites destinés à favoriser sa fécondité. La *pajcha* permettait de verser divers liquides, surtout de l'eau et de la *chicha*. Les origines du récipient remontent au premier horizon culturel et, à l'époque inca, il devait connaître un grand développement lors des fêtes religieuses devenues fastueuses. (P.C.C.)

D.34.17.1

316. DISQUE D'OREILLE

R.P.M. - Hildesheim V.9444
Bois, coquillage
Diamètre: 9 cm

Culture chimú
Intermédiaire récent
1100 - 1450 p.C.

Le motif occupant toute la surface du disque évoque le personnage chimú typique, coiffé d'une parure semi-circulaire surmontée d'un double arc. De part et d'autre de sa tête, on note la présence de deux oiseaux, aux traits stylisés.
L'usage de coquillage pour réaliser des figures humaines ou animales semble avoir toujours contraint les artisans à se limiter à des formes rigides, dues certainement aux difficultés de découpage de ce matériau. En fait, cette technique est quelque peu comparable à la mosaïque traditionnelle, les tessères étant remplacées ici par des plaquettes de coquillage.

317. PIED DE VASE

R.P.M. - Hildesheim 9443
Bois, coquillage
Hauteur: 12 cm

Culture chimú
Intermédiaire récent
1100 - 1450 p.C.

Ce pied de vase, accessoire connu uniquement chez les Chimús, représente un personnage assis sur ce qui semble être un trône. Ce thème s'apparente à certaines productions des artisans mochicas qui avaient illustré en céramique des personnages siégeant sur ce type de trône. Ce meuble, appartenant probablement à un membre de l'élite, était soigneusement décoré. L'auteur de cet objet a voulu évoquer cette décoration en incrustant des motifs taillés dans le coquillage; on distingue principalement des cercles, des triangles, des losanges, des motifs scalaires et une représentation zoomorphe sur le dossier du siège.
La facture du personnage, représenté dans une attitude hiératique ou figée, démontre bien que les sculpteurs chimús avaient perdu la maîtrise qui caractérisait leurs prédécesseurs, les Mochicas.

318. SCEPTRE

M.R.A.H. - Bruxelles AAM 39.8
Bois
Hauteur: 117 cm

Culture mochica
Intermédiaire ancien
100 a.C. - 600 p.C.

Ce sceptre, dont la forme évoque celle d'une rame, comporte une représentation humaine en ronde-bosse située entre le manche et la pelle.
Le personnage illustré est le dieu principal du panthéon mochica: Ai-Apaec. Debout sur un socle parallélipipédique, il est vêtu d'une chemise sans manche et d'un pagne ou cache-sexe. La simplicité de ces vêtements est compensée par la coiffure d'un modèle plus élaboré. Elle semble composée d'une calotte ornée, sur le devant, d'un ornement semi-circulaire complété d'un motif exécuté en haut-relief. Bien que détruit, l'iconographie mochica nous permet d'avancer qu'il s'agissait probablement d'une tête de félin. A l'arrière, sur le dos, pend une hache, tenue par un lien passé autour du cou. La présence de cette arme à cet endroit est fort curieuse.
La tête du personnage porte les traits typiques de la divinité principale; en effet, les yeux en demi-cercle et le rictus de la bouche garnie des deux paires de crocs sont les deux attributs permettant d'identifier ce dieu. Cependant, un attribut est absent de cette "panoplie" de caractère divin: il s'agit de la ceinture de serpent bicéphale, plus souvent présente sur les représentations peintes de ce personnage que sur les représentations en relief.
Mais l'intérêt de la pièce tient surtout à l'activité exercée par le dieu; en effet, on peut noter la présence dans sa main gauche d'une lame de hache et dans la droite, d'une tête humaine décapitée. Indubitablement, le dieu apparaît ici comme l'exécuteur, un rôle déjà signalé chez l'être zoo-anthropomorphe à traits de hibou (ou de chouette).

319. *PAJCHA* ZOOMORPHE

M.A. - Madrid 7575
Collection Juan Larrea
Bois
Hauteur: 13 cm; longueur: 39,5 cm

Culture inca
Horizon récent
1450 - 1533 p.C.

Ce récipient en forme de tatou respecte les caractéristiques de cet animal en représentant fidèlement ses différentes couches cornées.
La pièce est pourvue de deux ouvertures, l'une, sur le dos, et l'autre, à l'extrémité de la queue.
Il s'agit d'une *pajcha*, un récipient à usage rituel qui servait aux libations et permettait de consommer des liquides par la queue de l'animal.
Le type de récipient, le thème représenté ainsi que le style sont typiquement autochtones. (P.C.C.)

320. MIROIR

M.N.A.A. - Lima
MN - 11/370 (S.A. 16G1E) MO - 10228
Bois, pyrite
Hauteur: 20 cm; largeur: 10 cm

Culture mochica
Intermédiaire ancien
100 a.C. - 600 p.C.

La tête ornant ce miroir rappelle celle du sceptre précédemment décrit (318). Il s'agit certainement du même dieu principal mochica: Ai-Apaec. Toutefois cette œuvre-ci, dont la tête est plus grande que celle de la pièce citée en comparaison, a été taillée avec plus de détails physionomiques. En outre, des incrustations de nacre font ressortir les yeux et la dentition du dieu. Signalons également le réseau de rides qui suivent le relief naturel du visage en l'accentuant.
La coiffe, contrairement à celle du dieu figurant sur le sceptre, est demeurée complète; il s'agit d'une représentation de félin en haut-relief, indiquant peut-être que la dépouille d'un jaguar a été utilisée pour la confection de cette parure.
A l'arrière, la surface plane devait supporter une plaque de pyrite, minéral naturellement brillant et réfléchissant l'image.

321. *KERO*

H.M.f.V. - Hamburg s.n.
Bois
Hauteur: 21 cm; diamètre 18 cm

Culture inca
Horizon récent
1450 - 1533 p.C.

La particularité de ce *kero* consiste en l'utilisation d'un fond blanc pour y peindre le sujet représenté.
La scène illustre un combat opposant divers guerriers peints de part et d'autre d'un axe vertical. Les guerriers, dont certains gisent sur le sol, utilisent des armes diverses, notamment des arcs et des flèches, des lances projetées au moyen d'un propulseur...
La présence d'archers pourrait faire supposer que l'on se trouve face à un groupe ethnique originaire du versant oriental des Andes, contrée où l'arc était préféré aux javelines, à la fronde et aux bolas, armes plus traditionnelles des Incas. Peut-être s'agit-il de l'illustration d'un de ces nombreux combats menés par les Incas contre d'autres populations en vue d'étendre leur territoire.

322. *KERO*

H.M.f.V. - Hamburg 63.54: 1
Bois
Hauteur: 19,5 cm; diamètre: 15 cm

Culture inca
Horizon récent
1450 - 1533 p.C.

Sur ce *kero*, dont la forme diffère du modèle décrit auparavant, la scène peinte illustre une sorte de procession ou une "caravane" prête à tomber dans une embuscade.
Un guerrier, armé d'un bouclier et d'une lance garnie de plumes, précède un groupe de quatre femmes; la première tient un *kero* dans chaque main et sa taille est plus grande que celle des deux autres femmes. La seconde semble ventiler la première au moyen d'une branche feuillue alors que les deux dernières sont chargées de ballots. Les deux personnages principaux semblent marcher au-dessus d'un serpent qui rampe sur le sol. Un oiseau est peint face à un arbre fermant la marche du groupe.
Face au guerrier, de l'autre côté d'un second arbre où s'accroche un singe, se tiennent deux guerriers armés d'arcs et de flèches.
Plus encore que pour le *kero* précédent, la scène évoquée sur ce récipient correspondrait à un épisode de l'histoire de la conquête de l'Antisuyu, c'est-à-dire le territoire situé sur le versant oriental de la Cordillère des Andes.

323. BOL

M.A. - Madrid 7563
Collection Juan Larrea
Bois
Hauteur: 12,3 cm; largeur: 25 cm

Culture inca
Horizon récent
1450 - 1533 p.C.

Ce récipient de bois est pourvu de deux anses en forme de pattes de félins. De plus, deux scènes distinctes le décorent. La première montre deux félins affrontés de la gueule desquels surgit un arc-en-ciel qui, lui-même, entoure une figure fructiforme.
Sur l'autre scène apparaissent trois guerriers armés. Des applications d'argent soulignent le bord du bol.
Le thème du félin associé à l'arc-en-ciel est un motif décoratif apparaissant fréquemment sur les *keros* qui illustrent des scènes de conflits armés.
Traditionnellement, le félin est interprété comme étant le gardien de l'Inca, la chance et la prospérité étant symbolisées par l'arc-en-ciel.
Des traces évidentes d'utilisation assimilent ce récipient au groupe des mortiers, habituellement fabriqués en pierre et utilisés pour recueillir les viscères des animaux sacrifiés lors des rites divinatoires. (A.M.G)

324. *KERO*

M.A.U.N.S.A.A.C - Cuzco 3778
Bois
Hauteur: 23 cm; diamètre: 22 cm

Transition
1533 - 1550 p.C.

Ce *kero*, dont la forme est proche de celui appartenant au musée de Hamburg (322) est orné de divers motifs disposés en bandes verticales. Alternativement, on trouve une succession de losanges composés de quatre losanges plus petits et une illustration d'habitation dominant des personnages pratiquant des activités diverses (labourage au moyen de la *taclla*, femmes versant un liquide dans de grands récipients, personnage au centre de deux vases, un homme en compagnie probablement d'un camélidé blanc). Ces motifs sont répétés sur tout le pourtour du vase.

325. RECIPIENT SUR PIED

M.A. - Madrid 7564
Collection Juan Larrea
Bois
Hauteur: 15 cm; diamètre 11,5 cm

Culture inca
Horizon récent
XVIe siècle

La coupe est formée d'un récipient cylindrique supporté par deux figures humaines accroupies qui reposent sur un piédestal.
La décoration combine la taille et la peinture. La disposition symétrique des personnages délimite les scènes peintes. L'une d'elles réunit deux guerriers et un oiseau qui porte une fronde et un sac contenant les projectiles, au-dessus d'une fleur de *chiwanway* (*Zephiranthes tubiflora*) et à côté d'une fleur de *uchhu* (*Salvia oppositiflora*).
Sur l'autre scène, on observe un guerrier victorieux écrasant un ennemi et semblant lui couper la tête. L'oiseau chargé du sac, de la fronde et d'un bouclier avec casque est représenté à côté de fleurs de *chiwanway*.
Ce type de vase cérémoniel existe également en céramique, à une époque antérieure à l'arrivée des Européens. (P.C.C.)

326. VASE A SCENE EROTIQUE

R.J.M. - Köln Collection Ludwig 26
Terre cuite
Hauteur: 30 cm

Culture mochica
Phase IV
Intermédiaire ancien
100 a.C. - 600 p.C.

Les vases à sujets "érotiques" (un terme peut-être inapproprié) ont été produits par diverses cultures préhispaniques péruviennes mais les représentations les plus nombreuses sont manifestement originaires de la côte nord du Pérou. En effet, jusqu'à présent, il n'a pas été porté à notre connaissance l'existence de scènes érotiques sur les vases Nazca, Chancay ou Lima, c'est-à-dire la production en provenance des côtes centrale et méridionale.
Naturellement, ces sujets ont suscité la curiosité des chercheurs mais ont également créé de nombreuses controverses quant à leur signification.
La première interprétation venant à l'esprit lorsque l'on se trouve devant ces vases est de les associer à des cultes de la fertilité ou de la fécondité. La chose serait parfaitement plausible si les relations sexuelles représentées n'étaient, dans leur majorité, des relations "contre nature", c'est-à-dire des relations ne pouvant aboutir à la fécondation.
Ainsi, sur ce vase, la scène représente une fellation où la femme est maintenue dans une attitude de soumission par son partenaire masculin. De plus, le personnage a conservé ses vêtements et ses parures, comme si l'on désirait bien indiquer son rang.

328. VASE-SIFFLEUR EROTIQUE

R.J.M. - Köln Collection Ludwig 22
Terre cuite
Hauteur: 21 cm

Culture Vicús
Intermédiaire ancien
500 a.C. - 500 p.C.

Les protagonistes de cette scène viennent appuyer l'hypothèse que la plupart de ces représentations ne sont pas liées à un contexte de fécondité. En effet, les deux personnages, un homme et une femme, s'adonnent à la sodomisation, une pratique sexuelle apparemment très répandue sur la côte nord du Pérou, aux dires du chroniqueur espagnol Cieza de León.

327. VASE-SIFFLEUR EROTIQUE

R.J.M. - Köln Collection Ludwig 20
Terre cuite
Longueur: 26 cm

Culture Vicús
Intermédiaire ancien
500 a.C. - 500 p.C.

Contrairement à la scène précédente, les partenaires réunis pour former ce vase semble s'adonner à des relations sexuelles normales, c'est-à-dire susceptibles d'aboutir à une fécondation. Exécutés dans le style expressionniste qui caractérise la production Vicús-Vicús, les organes sexuels ont été exagérément développés, probablement pour mieux montrer la signification de l'acte sexuel.

329. VASE-SIFFLEUR EROTIQUE

R.J.M. - Köln Collection Ludwig 21
Terre cuite
Hauteur: 21 cm

Culture Vicús
Intermédiaire ancien
500 a.C. - 500 p.C.

L'acte sexuel illustré par ce vase est comparable à celui représenté par le vase 327, c'est-à-dire qu'il s'agit d'une scène de relations sexuelles normales.

330. VASE ANTHROPOMORPHE

A.I. - Chicago 55.2680
Terre cuite
Hauteur: 21,6 cm

Culture mochica
Probablement phase III
Intermédiaire ancien
100 a.C. - 600 p.C.

Parmi les vases à connotation érotique se trouvent des représentations de personnages ithyphaliques au sexe surdéveloppé.
Cette exagération peut plus aisément être associée à la notion de fécondité, surtout si l'on admet que le personnage représenté fait partie de l'élite et, plus précisément, est un prêtre lié à des rites de fertilité.

331. VASE ANTHROPOMORPHE

A.I. - Chicago 1955.2311
Fonds Buckingham
Terre cuite
Hauteur: 23,1 cm; longueur: 18,5 cm

Culture mochica
Phase IV
Intermédiaire ancien
100 a.C. - 600 p.C.

Cette représentation à caractère érotique est plus curieuse que celles précédemment décrites. En effet, à première vue, il s'agirait d'un personnage assis jambes croisées, vêtu selon la tradition mochica et dont la chevelure est séparée en deux bandeaux, par une raie médiane.

Cependant, la coloration de cette chevelure et sa forme, ainsi que les proéminences arrondies des jambes évoquent de façon fort ingénieuse le pénis et les testicules.

332. VASE EROTIQUE

R.J.M. - Köln Collection Ludwig 25
Terre cuite
Hauteur: 21 cm

Culture mochica
Phase IV
Intermédiaire ancien
100 a.C. - 600 p.C.

La scène illustrée réunit deux personnes de sexe opposé s'adonnant à la sodomisation.
En fait, au vu des très nombreuses représentations mochicas à caractère sexuel, il se dégage une impression de répertoire des actes sexuels pouvant être accomplis. Ce répertoire apparaît un peu comme un livre d'images à caractère pédagogique, destiné à enseigner les différentes formes d'activité amoureuse puisqu'on y retrouve aussi les caresses de la poitrine féminine, la masturbation du pénis par la partenaire, gestes qui font partie du jeu amoureux.
D'autres représentations montrent aussi des personnages faisant l'amour mais dont le corps est couvert de pustules.
Tout cela a poussé certains à considérer ces vases comme étant des scènes à caractère didactique, destinées à enseigner aux adolescents les vertus mais aussi les méfaits de l'amour.

333. VASE A SCENE EROTIQUE

P.M.A.E. - Cambridge
T1364 16-62-30/F724
Terre cuite
Hauteur: 18 cm; longueur: 23 cm

Culture mochica
Phase IV
Intermédiaire ancien
100 a.C. - 600 p.C.

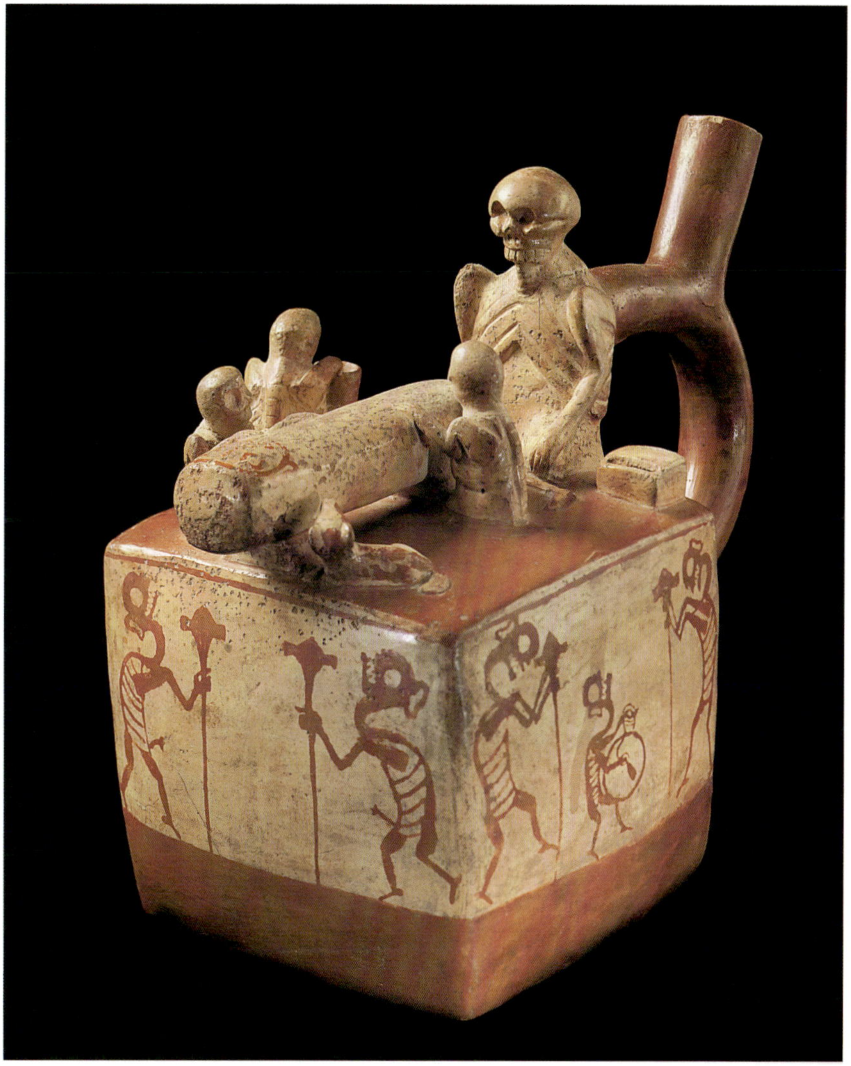

La décoration du vase se compose de deux scènes, l'une exécutée en haut-relief sur le sommet de la panse cubique, la seconde, peinte sur les parois verticales de cette même panse.
Cette dernière se compose d'un défilé de squelettes, un peu à la manière d'une danse macabre.
Le premier sujet réunit un squelette pourvu d'un long sexe que quatre femmes semblent caresser.
La participation du monde des défunts à des activités sexuelles, en compagnies de femmes bien vivantes, sont une caractéristique de certains vases érotiques mochicas.
Dans ce cas, ils pourraient signifier l'existence de mythes liés à une forme de culte des ancêtres, ancêtres qui interviendraient également dans le cycle de la fécondité.
Néanmoins, cette interprétation n'est qu'une hypothèse malaisée à étayer par manque de sources.

334. VASE ANTHROPOMORPHE

M.f.Vo. - Wien 162.917
Terre cuite
Hauteur: 22,5 cm; longueur: 16,5 cm

Culture chimú
Intermédiaire récent
1100 - 1450 p.C.

Bien que réalisé avec moins de soin, ce personnage rappelle celui décrit auparavant (330). L'un comme l'autre portent le même type de coiffure et ils tiennent leur sexe en érection dans la main droite. Cependant, cette représentation présente une autre particularité, rencontrée sur certaines sculptures chimús en bois, à savoir la présence d'une double gibbosité, sur la poitrine et sur le dos.
Les Chimús, comme leurs prédécesseurs les Mochicas, ont également reproduit des scènes à caractère érotique. Toutefois, le nombre d'œuvres consacrées à ce sujet est beaucoup plus réduit.

335. VASE A DOUBLE RECIPIENT

R.J.M. - Köln Collection Ludwig 36
Terre cuite
Hauteur: 18,5 cm

Culture Lambayeque
Intermédiaire récent
1000 - 1200 p.C.

La scène représentée illustre une fellation.
La culture Lambayeque, comme celle des Chimús, a poursuivi la production de scènes érotiques. Toutefois, contrairement aux Chimús, ils semblent plus proches de la tradition mochica qui reproduisait le plus fidèlement possible l'attitude des partenaires du jeu amoureux.

336. VASE A SCENE EROTIQUE

R.J.M. - Köln Collection Ludwig 5
Terre cuite
Hauteur: 21 cm

Culture Recuay
Intermédiaire ancien
400 a.C. - 300 p.C.

Les scènes érotiques Recuay sont fort curieuses. En effet, elles semblent souvent se dérouler en famille, c'est-à-dire en présence des enfants. Cependant, jusqu'à présent, nous ne connaissons que des scènes relativement pudiques, par rapport aux représentations mochicas, où les "parents" font l'amour, une partie du corps dissimulée sous une couverture.
Naturellement, on pourrait douter de cette interprétation mais l'attitude du couple nous paraît suffisamment suggestive que pour avancer cette interprétation.

337. TETE ET PATTES DE RENARD

D.A.M. - Helsinki 926
Cuivre
Longueur de la tête: 15 cm

Culture mochica
Intermédiaire ancien
100 a.C. - 600 p.C.

Le Pérou est actuellement considéré comme le berceau de la métallurgie américaine. En effet, c'est sur son territoire, sur le site de Waywaka, qu'ont été retrouvées les traces les plus anciennes de métallurgie, connues jusqu'à présent.
Il s'agit encore d'une métallurgie rudimentaire, utilisant les pépites d'or natif pour obtenir des plaques en les chauffant et en les martelant.
Toutefois, entre la date de cette découverte, qui se situe vers 1500 a.C., et celle de la période Chavín, qui voit se développer une véritable métallurgie vers 1000 - 900 a.C., il existe toujours un hiatus chronologique que seules les fouilles archéologiques pourront peut-être combler un jour.
A l'origine, la métallurgie ne semble avoir travaillé que l'or. Cependant, dès 500 a.C., de nouveaux métaux font leur apparition, notamment le cuivre et le bronze arsenical. Le premier sera souvent doré, peut-être pour compenser le manque d'or pur.
L'œuvre exposée perpétue la première tradition métallurgique, celle du martelage, probablement complétée par des recuits qui empêchaient le métal de se fendre pendant sa mise en forme. Cependant, malgré la simplicité apparente de cette technique, le résultat obtenu est remarquable, notamment au niveau de la combinaison des différentes parties de la tête.
Naturellement, telle qu'elle est présentée, l'œuvre est incomplète puisque le corps proprement dit est absent. Ce manque est probablement dû à la nature même du matériau utilisé pour le fabriquer; en effet, nous supposons qu'il devait s'agir d'un corps en bois qui n'a pu résister aux méfaits du temps.
Déplorons aussi l'absence de provenance exacte, ce qui nous aurait permis de savoir si l'objet était ou non originaire de la vallée de Lambayeque, là où les Mochicas semblent avoir privilégié la métallurgie au détriment de la céramique.

338. HOCHET-COUTEAU

M.P.E. - Roma 105771
Cuivre
Hauteur: 28 cm; largeur: 8,5 cm

Culture mochica
Intermédiaire ancien
100 a.C. - 600 p.C.

Ce hochet se présente sous la forme d'une pyramide tronquée, complétée par un manche terminé en lame. Il est probable que l'instrument ait donc eu un double usage, celui d'instrument de musique, mais aussi instrument d'exécution.
Le décor gravé sur le panneau supérieur représente un personnage entouré d'appendices en forme de serpents et tenant une lame de hache dans la main.

339. PLAQUE

C.A.M. - Cleveland 46.117
Fonds J.H. Wade
Or
Hauteur: 40,6 cm: largeur: 10,8 cm

Culture Chavín
Horizon ancien
900 - 400 a.C.

Après un début, apparemment sans suite, de la métallurgie à Waywaka, cette technique connaîtra un "renouveau" durant la culture Chavín. Les artisans métallurgistes produiront une quantité impressionnante d'objets dont certains ont été mis au jour récemment sur le site de Kuntur Wasi par la mission archéologique japonaise.
L'iconographie qui figure sur cette plaque, probablement un long pectoral, rappelle celle déjà rencontrée sur les vases et les divers décors gravés dans la pierre. On reconnaît au centre le personnage - ou le félin - aux crocs surdéveloppés et, autour de lui, les divers motifs typiques de l'iconographie Chavín.

340. COLLIER

M.R.A.H. - Bruxelles AAM 62.2
Or
Longueur: 28,5 cm

Culture mochica
Intermédiaire ancien
100 a.C. - 600 p.C.

Ce collier comprend 53 perles creuses en or ainsi qu'un fermoir cylindrique fabriqué dans la même matière.
Les perles ont été confectionnées selon une technique un peu particulière; en effet, chaque perle est constituée de deux demi-sphères qui ont été soudées ensemble pour former une "perle". Cet objet démontre que les métallurgistes péruviens parvenaient au moins à souder deux morceaux d'un même métal.

341. TETE ANTHROPOMORPHE

M.B. - Lambayeque 7145
Cuivre
Hauteur: 21 cm; largeur: 22,2 cm

Culture mochica
Intermédiaire ancien
100 a.C. - 600 p.C.

COLLIER

M.B. - Lambayeque S: TS/CS: 1
Coquillage

Ornements en pointe:
hauteur: 7,8 cm; largeur: 0,8 cm
Ornements en trapèze:
hauteur: 8,5 cm; largeur: 2,5 cm

Culture mochica
Intermédiaire ancien
100 a.C. - 600 p.C.
Provenant de Sipan

Les deux objets proviennent du site de Sipan, site où fut découvert un véritable mausolée réservé à l'élite de la société mochica. Ce lieu a permis de mettre au jour un véritable trésor. Rappelons seulement que les premiers objets ont été connus lorsque des *huaqueros* présentèrent sur le marché des antiquités des objets inconnus jusqu'alors. Les parures de métal qui accompagnaient le Seigneur de Sipan, probablement le défunt le plus important, se composaient d'objets divers en or, en argent, en cuivre doré, en cuivre et en coquillage.
Le masque de défunt et le collier en coquillage ne représentent qu'une infime partie des huit cents objets qui accompagnaient le souverain dans son voyage dans l'au-delà.

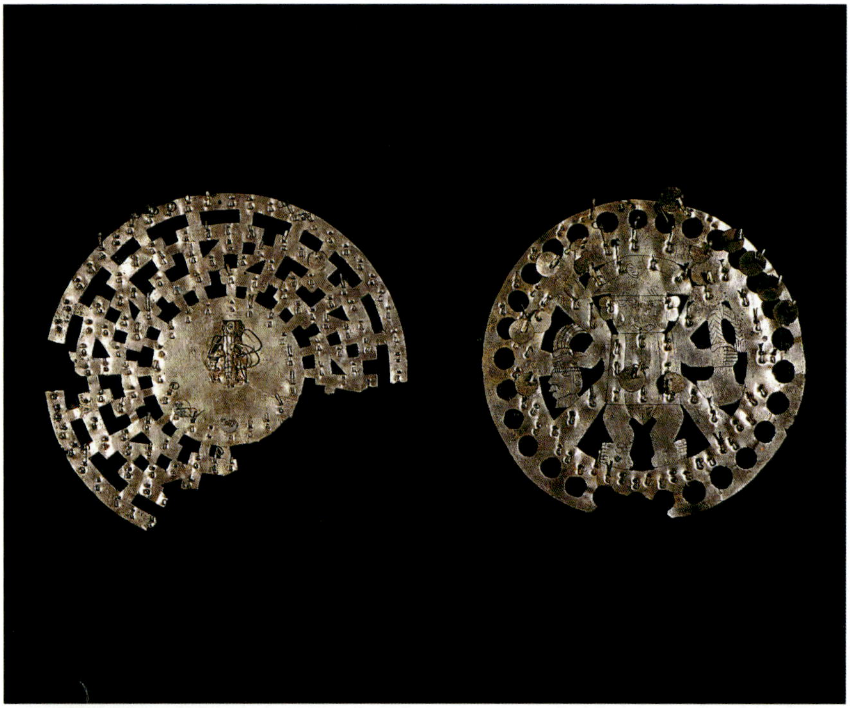

342. PAIRE DE DISQUES

L.M. - Stuttgart M.32472 L. et M.32474 L.
Probablement du cuivre doré
Diamètre: 20 cm

Probablement culture Vicús
Style Moche-Vicús
Intermédiaire ancien
100 a.C. - 500 p.C.

Le décor de ces deux disques, probablement portés en pendentifs, a été obtenu par découpage de deux plaques circulaires. Sur le disque de gauche, les motifs sont essentiellement géométriques. Le disque de droite comporte en son centre une représentation du dieu principal mochica, Ai-Apaec, reconnaissable à la bouche garnie de crocs. Dans la main gauche, il serre une lame de hache alors que la droite tient par la chevelure une tête humaine coupée. Derrière lui, un motif de croix de saint André complète la représentation du dieu.
L'ensemble n'est pas sans rappeler le sceptre mochica, déjà décrit.

343. PAIRE DE DISQUES

M.R.A.H. - Bruxelles AAM 65.16 1/2 2/2
Or
Diamètre: 7,5 cm

Culture mochica
Intermédiaire ancien
100 a.C. - 600 p.C.

Les deux disques, confectionnés selon la même technique que les perles du collier mochica (340), s'ornent d'un décor en repoussé illustrant une scène de guerre. On y distingue clairement les guerriers vainqueurs emmenant derrière eux les ennemis vaincus et dénudés, dépouillés de leurs armes.
Si la scène est organisée ici en fonction du support circulaire, elle n'en est pas moins la "copie" conforme des scènes peintes sur les vases.

◁344. RECIPIENT

R.v.V. - Leiden 39.94.1
Or
Hauteur: 10 cm; diamètre: 16 cm

Culture Vicús
Intermédiaire ancien
500 a.C. - 500 p.C.

Le décor est formé de quatre têtes humaines, soulignées d'un bandeau disposé à la manière d'une jugulaire.

345. VASE CEPHALOMORPHE

M.f.V.F. - Frankfurt NS. 35.485
Argent
Hauteur: 21 cm; diamètre: 6 cm

Culture Ica-Chincha
Intermédiaire récent
1100 - 1470 p.C.

Les métallurgistes de la culture Ica-Chincha ne nous ont laissé que peu de témoignages de leur art. En effet, toute la production semble se limiter à la réalisation de ces gobelets céphalomorphes où les traits sont réduits à l'essentiel.

346. FORME

M.P.E. - Roma 55390
Bois
Hauteur: 20 cm

Culture Ica-Chincha
Intermédiaire récent
1100 - 1470 p.C.

Cette forme représentant une tête humaine permet d'imaginer comment étaient confectionnés les gobelets céphalomorphes. Il est indubitable que la tête a été obtenue en martelant une plaque de métal sur la forme en bois. Après cette opération, la "couture" était "soudée" par martelage et recuits successifs.
Une plaque était ensuite soudée au fond pour fermer le récipient.

347. EPINGLE DROITE

M.N.A.A. - Lima 12/7.10 86, 768
Cuivre doré
Longueur: 22 cm

Culture Recuay
Intermédiaire ancien
400 a.C. - 300 p.C.
Même provenance que
les deux épingles en U

Cette épingle se distingue des deux suivantes par sa forme longiligne et l'aspect torsadé de l'épingle proprement dite.
La tête porte à l'extérieur un décor identique à celui des deux autres épingles, c'est-à-dire que l'on retrouve l'animal à crête, généralement associé à l'astre lunaire.
Sur le sommet de la tête figure une représentation de chouette ou d'hibou, reconnaissable à ses grands yeux circulaires.

348. PAIRE D'EPINGLES EN U

M.N.A.A. - Lima 12/7.3 86, 767 (a) -
12/7.9 (1278) 86, 792
Cuivre doré
Longueur: 11,9 cm

Culture Recuay
Intermédiaire ancien

400 a.C. - 300 p.C.
Provenant de la chambre intérieure du temple La Capilla, à Pashash (Ancash)

Deux types de décor ornent ces deux épingles. Celle de gauche comprend au centre de la tête un visage humain alors que le pourtour est divisé en trois panneaux dans lesquels est chaque fois inscrit un animal pourvu d'un appendice au-dessus de la tête. Ce motif est typique de l'iconographie Recuay.
Celle de droite porte un motif similaire sur le côté extérieur de la tête alors qu'au sommet est représentée une tête de félin.

349. PAIRE DE DISQUES D'OREILLES

L.M. - Stuttgart M.32357 I/a - M.32357 I/b
Or
Diamètre: 7,5 cm

Culture chimú
Intermédiaire récent
1100 - 1450 p.C.

Ces disques d'oreilles, que l'on peut souvent observer parant certains personnages, sont décorés de trois cercles concentriques, chacun d'eux comportant un motif décoratif différent. Le cercle extérieur est orné d'un motif zoo-anthropomorphe; au centre figure une frise d'oiseaux alors que le dernier cercle enferme un motif de vagues. Cette décoration est traditionnelle sur bon nombre de parures de la culture chimú.

350. MASQUE FUNERAIRE

M.R.A.H. - Bruxelles AAM 68.2
Or
Hauteur: 22 cm; largeur: 38 cm

Culture Lambayeque
Intermédiaire récent
1000 - 1200 p.C.

Ces masques funéraires existent en grand nombre dans divers musées et collections, à travers le monde. Si leurs dimensions peuvent varier d'un exemplaire à l'autre, si certains sont plus décorés que d'autres, il n'en reste pas moins une sensation d'uniformité, de respect de canons artistiques établis. Naturellement, tous les défunts ne disposaient pas de ces masques somptueux.
A l'exception du nez confectionné séparément et accroché en rabattant le bord sur le reste du masque, tous les autres traits, en léger relief, ont été obtenus par martelage.
Les yeux sont caractéristiques de l'art Lambayeque, avec leur forme ailée que l'on ne trouve nulle part ailleurs.

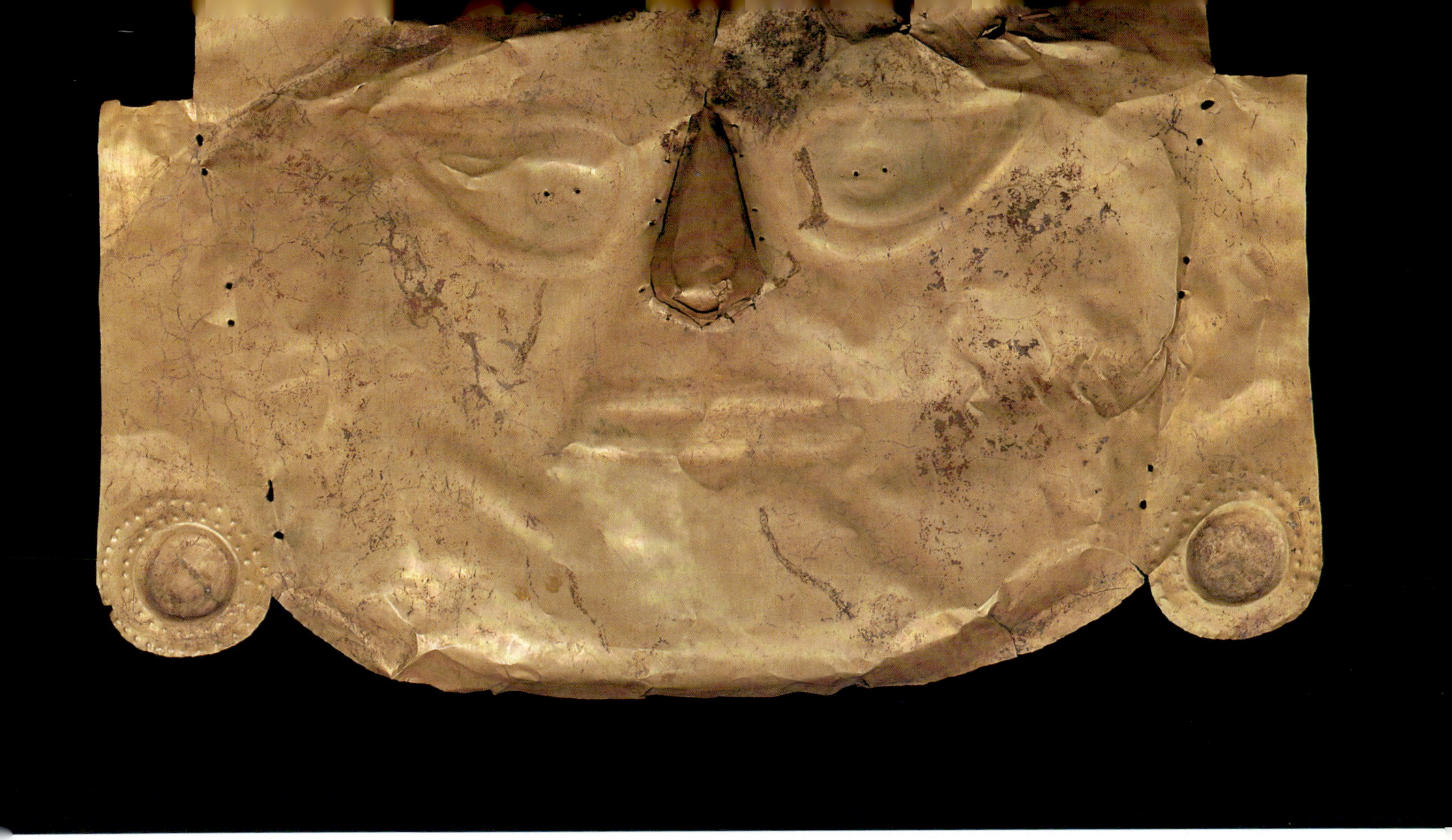

351. PAIRE D'ORNEMENTS DE TETE

M.R.A.H. - Bruxelles AAM 5765 1/2 2/2
Argent
Hauteur: 24 cm; largeur: 13,5 cm

Culture chimú
Intermédiaire récent
1100 - 1450 p.C.

Ces deux pièces, découpées à la manière de plumets, sont ornées d'un décor en repoussé représentant des poissons et des plantes.
Comme dans tout l'art chimú, les mêmes motifs ornent tous les types de supports artistiques, des plus humbles aux plus précieux. De fait, les œuvres exceptionnelles sont rares, au même titre que la céramique où nous avions pu constater la rareté des pièces réellement remarquables au point de vue esthétique.

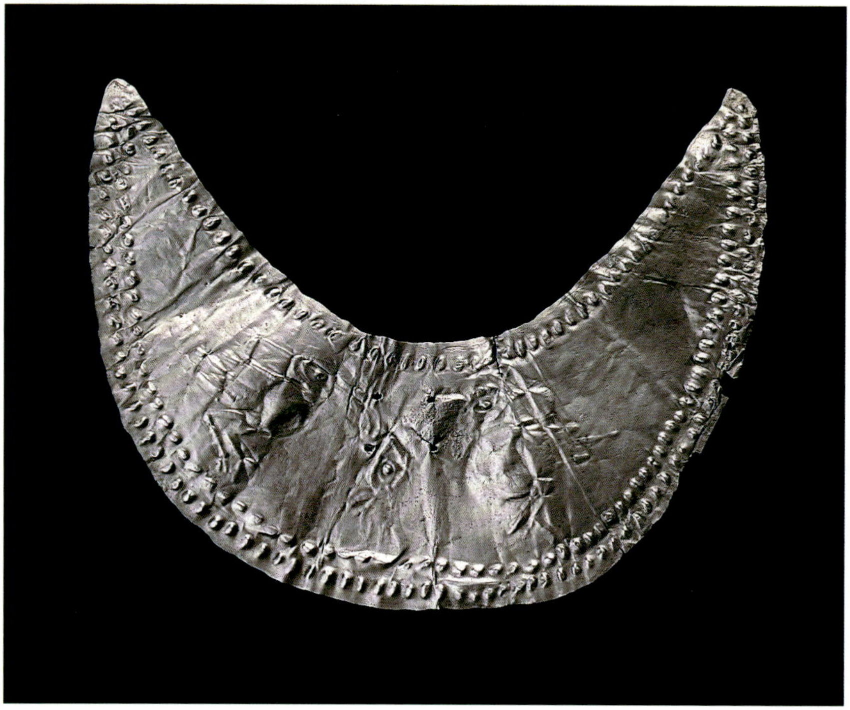

352. PECTORAL

M.R.A.H. - Bruxelles AAM 46.7.25
Argent
Longueur: 24,5 cm

Culture chimú
Intermédiaire récent
1100 - 1450 p.C.

Le décor en repoussé est devenu illisible par endroits; néanmoins, il reste possible d'identifier la présence d'un oiseau et d'un poisson, une association qui permet d'avancer l'hypothèse que l'oiseau est de type marin.
Le plus curieux est la présence de quatre petites perforations disposées en carré, approximativement au centre de la pièce. Ces perforations nous permettent de croire que cet objet était cousu sur un vêtement. Cette coutume était connue chez les Chimús mais la dimension des motifs est généralement plus petite.

353. DISQUE

D.A.M. - Helsinki 962
Argent
Diamètre : 33 cm

Culture chimú
Intermédiaire récent
1100 - 1450 p.C.
Provenant du site Litière N° 2

Ce disque est orné de la même façon que la paire de disques d'oreilles déjà décrits (349) ; en effet, le décor est organisé en cercles concentriques entourant un bouton central semi-sphérique sans ornementation.
Le cercle extérieur est composé d'une frise d'animaux, des quadrupèdes similaires à ceux ornant les frises en bas-relief de Chan Chan, séparés par des oiseaux plus petits. Sur le second cercle, des personnages sont reliés entre eux par des rubans ; un premier ruban passe au-dessus de leur tête alors que le second est tenu entre les mains de tous. Le troisième cercle réunit également des personnages, probablement des divinités, serrant dans chaque main une sorte d'animal, un peu à la manière des figures humaines représentées en bas-relief sur les murs de la Huaca del Dragon (ou del Arco Iris).
Le dernier cercle décoré semble contenir des représentations de prisonniers, reconnaissables à leur corde autour du cou.

354. ORNEMENT FRONTAL

M.R.A.H. - Bruxelles AAM 5788
Or
Hauteur : 27,5 cm ; largeur : 13 cm

Culture chimú
Intermédiaire récent
1100 - 1450 p.C.

Cet ornement était probablement piqué dans une coiffe souple ou passé dans un bandeau.
Sa technique de décoration est fort particulière puisque l'orfèvre a combiné le

répoussé à la découpe pour figurer le personnage ornant la surface quadrangulaire. En effet, une observation attentive permet de distinguer le visage - semblable dans son dessin à celui des diverses statuettes en bois décrites auparavant -, la poitrine ainsi que les mains qui tiennent des bâtons, un peu à la façon du Dieu-aux-Bâtons d'origine Chavín. Les emblèmes, ainsi que les pieds, sont suggérés par des découpes triangulaires pratiquées dans la surface de la parure.
Le motif en demi-lune est un ornement en tant que tel mais il est aussi une partie de la coiffe portée par le personnage.

355. ORNEMENT A SCENE

M.R.A.H. - Bruxelles o.n.
Cuivre argenté
Hauteur: 5 cm

Culture chimú
Intermédiaire récent
1100 - 1450 p.C.

La scène qui orne ce bijou, dont la fonction n'est pas très claire, nous montre deux personnages. Il est fort probable qu'un troisième devait figurer à gauche du groupe. En effet, le personnage de gauche, coiffé d'une parure en demi-cercle comme celle portée sur des représentations similaires, est généralement montré encadré par deux autres personnages ou par deux animaux. En outre, l'état de conservation de la pièce montre que l'extrémité de gauche est incomplète.
La scène est également parsemée de récipients parmi lesquels on reconnaît un vase à anse-goulot en étrier. Sur la surface de forme scalaire que dominent les deux figures humaines, d'autres motifs en repoussé sont visibles.

356. *NARIGUERA*

R.J.M. - Köln 47948
Argent
Hauteur: 16,5 cm; longueur: 17 cm

Culture chimú
Intermédiaire récent
1100 - 1450 p.C.

La *nariguera* ou ornement de nez, bien que connue de certaines cultures préhispaniques, ne semble pas avoir eu la même vogue que celle que connaîtra le même type d'ornement en Colombie.
Ainsi, les pièces semblables à celle présentée sont-elles rares parmi les parures produites par les orfèvres péruviens.

357. VASE MINIATURE

M.R.A.H. - Bruxelles AAM 46.7.231
Bronze
Hauteur: 10 cm; diamètre: 5,5 cm

Culture Chimú
Intermédiaire récent
1100 - 1450 p.C.

Parmi les productions métallurgiques chimús, les vases miniatures occupent une place particulière et encore mal comprise. En effet, connaissant l'existence de divers récipients en métal de grandeur habituelle, il est curieux que l'on en ait produit de petits. Naturellement, une des hypothèses qui vient à l'esprit, lorsqu'il s'agit d'objets miniatures, est qu'il devait s'agir de jouets pour enfants. Si cette interprétation est généralement valable chez nous, dans le monde précolombien, les réductions d'objets réels ont souvent été retrouvées dans un contexte d'offrandes. Il est donc audacieux de penser qu'il s'agit de jouets.

358. VASE MINIATURE

M.R.A.H. - Bruxelles AAM 46.7.230
Bronze
Hauteur: 11,8 cm; diamètre: 5,4 cm

Culture chimú
Intermédiaire récent
1100 - 1450 p.C.

Le vase reproduit en petites dimensions les fameux vases à anse-goulot en étrier, une forme typique dans le répertoire morphologique des vases de la côte nord.
La pièce a été construite en plusieurs parties séparées qui ont été soudées par la suite. Une des traces de travail est visible à mi-hauteur de la panse où l'on observe une "couture" de soudure.

359. VASE MINIATURE

M.R.A.H. - Bruxelles AAM 46.7.229
Bronze
Hauteur: 11,4 cm; diamètre: 5,4 cm

Culture chimú
Intermédiaire récent
1100 - 1450 p.C.

Ce vase est semblable au précédent, même si la forme de la panse permet de les distinguer l'un de l'autre.
En fait, d'autres formes ont également été copiées en petites dimensions et le métal utilisé pouvait aussi être plus précieux que le bronze.
La "tradition" de la réduction des objets "utilitaires", connue également en Mésoamérique, notamment dans la culture Teotihuacan, ne s'est pas limitée à la métallurgie puisque quelques pièces miniatures en céramique sont également connues.

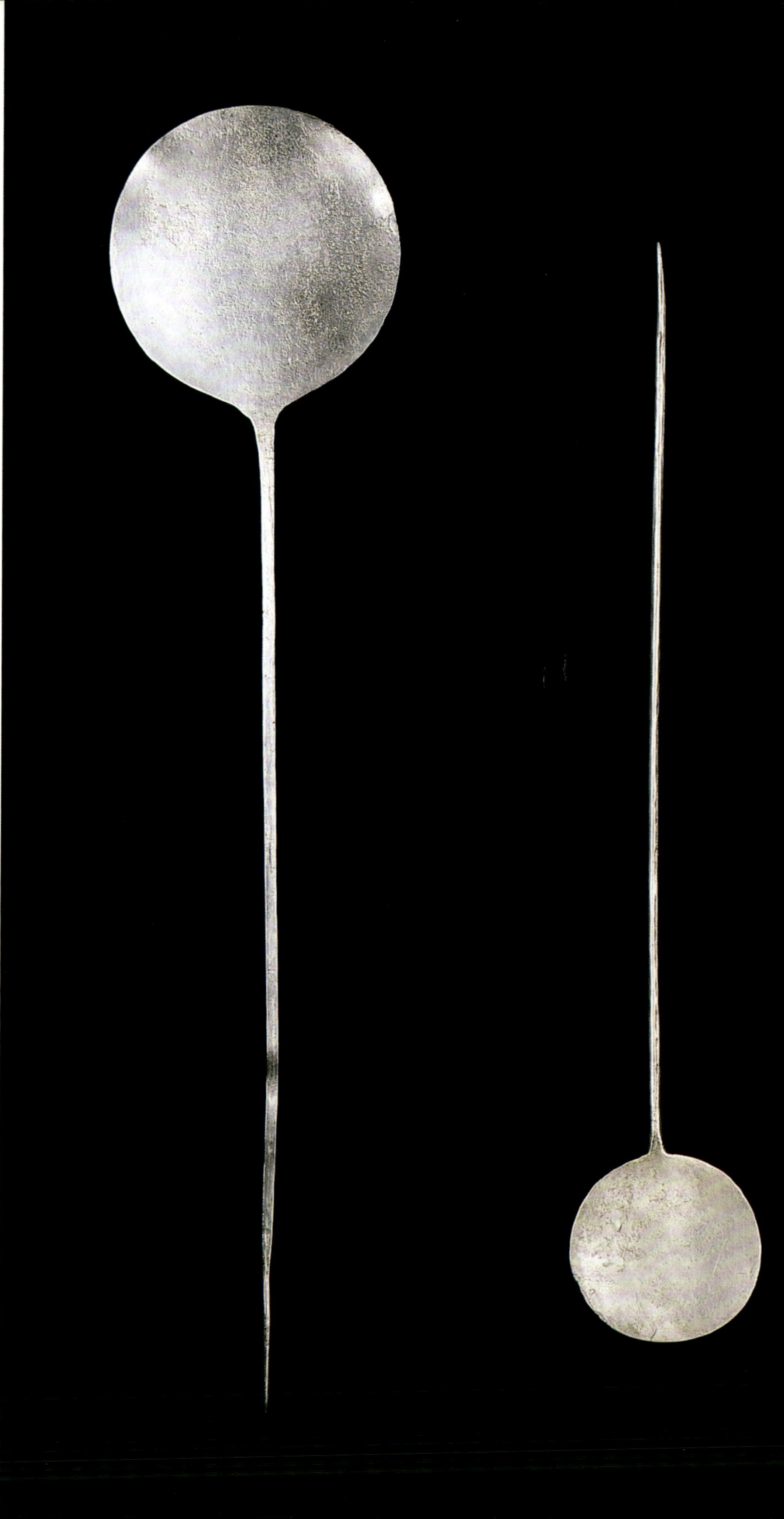

360. PAIRE DE *TUPUS*

M.R.A.H. - Bruxelles
AAM 46.7.224 24/26 - 46.7.224 25/26
Cuivre argenté
Hauteur: 22 - 26 cm

Probablement culture inca
Horizon récent
1450 - 1533 p.C.

Ces longues épingles terminées par une tête circulaire sont un instrument encore en usage de nos jours chez les femmes de la *sierra* et de l'*altiplano*. Elles servent à fixer la mante passée autour des épaules.
Ce type d'ornements, dépourvus de décoration, devait être produit en grande série puisqu'on en retrouve dans la plupart des tombes incas, notamment à Sacsahuaman où furent découverts des *tupus* à tête semi-circulaire ou en forme de croissant.

361. ENSEMBLE DE TROIS EPINGLES

M.R.A.H. - Bruxelles
AAM 46.7.224 1/26 - 2/26 - 4/26
Argent
Hauteur: 20,5 - 18,7 - 12,5 cm

Culture chimú
Intermédiaire récent
1100 - 1450 p.C.

Ces trois épingles, chronologiquement antérieures à la paire précédente, sont pourvues d'une tête plus décorée.
Sur la première, quatre spirales disposées en "trèfle" décorent l'objet. La deuxième est sommée d'une figure évoquant un poisson, motif fréquent dans le répertoire iconographique des Chimús. La troisième épingle porte au sommet un motif circulaire creux dans lequel est enfermé une petite bille, rendant l'instrument sonore.

362. CYLINDRE D'OREILLE

M.R.A.H. - Bruxelles AAM 46.7.225
Bronze
Hauteur: 26 cm

Culture chimú
Intermédiaire récent
1100 - 1450 p.C.

Ces impressionnantes parures ornaient les oreilles de l'élite chimú. Malgré les dimensions imposantes, le bijou était passé à travers le lobule de l'oreille préalablement agrandi en y passant successivement des ornements de plus en plus larges.
La matière variait en fonction du statut du propriétaire et il semble que les membres les plus importants de la société chimú avaient le privilège de porter des bijoux en or alors que les autres devaient se contenter de bronze ou de cuivre argenté.
La partie cylindrique proprement dite est la seule à être décorée d'un motif de poissons en repoussé.

363. ENSEMBLE DE PINCES A EPILER

M.R.A.H. - Bruxelles AAM 46.7.286
Argent
Hauteur: 5 cm

Culture chimú
Intermédiaire récent
1100 - 1450 p.C.

Parmi le mobilier funéraire des tombes chimús, il n'est pas rare de trouver cet accessoire considéré par nous comme typiquement féminin. Parmi les populations amérindiennes, qui sont généralement glabres ou dont la pilosité est fort faible, les hommes ont coutume de s'ôter les quelques poils de barbe au moyen de cet instrument. Donc, il est possible que ces objets aient été utilisés par les hommes plutôt que par les femmes.

364. DISQUE D'OREILLE

M.B. - Lambayeque MB 146
Or
Diamètre: 11,1 cm

Culture Lambayeque
Intermédiaire récent
1000 - 1200 p.C.

La figure centrale du disque représente probablement une divinité coiffée d'un chapeau en forme de demi-lune et portant un masque mobile. Ce dernier est semblable au masque funéraire (350) décrit auparavant.
La tunique est également ornée d'un motif en "granulé" ainsi que de deux petits plaques pendant sur le bord inférieur.
Levant les bras, le dieu tient dans la main droite un vase - dont la forme rappelle le *kero* inca ou Tiahuanaco - et un instrument tranchant dans la gauche.
Le disque proprement dit est bordé de deux cercles concentriques portant un décor de granulations, obtenu par repoussé.
Mais la caractéristique la plus curieuse de cet ornement est la façon dont le personnage, construit initialement en parties séparées, a été monté sur le disque. En effet, une épingle semble assujettir le personnage au fond du disque et permet de retirer le motif central sans difficulté.
Il est également curieux de noter sur le bord du disque des paires de perforations dont on s'explique mal la présence sur un disque d'oreille. Généralement, ces perforations permettaient de coudre l'ornement sur un vêtement.

365. ORNEMENT ZOOMORPHE

M.B. - Lambayeque MB 53
Or
Hauteur: 27,2 cm; longueur: 29,8 cm

Culture Lambayeque
Intermédiaire récent
1000 - 1200 p.C.

L'image de cet ornement est celle d'un félin, reconnnaissable aux deux crocs qui garnissent sa gueule d'où émerge une langue dessinant une volute.
La pièce, composée de deux parties jointes par laminage, a été obtenue en martelant et en découpant une plaque d'or; l'une des parties forme la tête alors que l'autre représente le corps. L'oeil en forme d'amande porte aux deux extrémités une paire de perforations, perforations que l'on retrouve également le long du dos, sur la queue et sur les pattes. Cette présence pourrait signifier que la parure était fixée sur le vêtement d'un personnage important si l'on en juge par les dimensions.

366. JAMBE

R.J.M. - Köln Collection Ludwig 42
Or, argent
Hauteur: 19 cm; diamètre: 8,7 cm

Culture Vicús
Intermédiaire ancien
500 a.C. - 500 p.C.

Le sujet de cet ornement nous rappelle la vogue, parmi les cultures de la côte septentrionale du Pérou, de représenter des parties du corps humain. Les Mochicas semblaient avoir abondamment représenté en céramique bras, mains et jambes. Cette œuvre, attribuée à la culture Vicús, mais pouvant aussi avoir appartenu ou avoir été influencée par la culture mochica, possède la particularité de combiner deux métaux différents: l'or et l'argent. Il faut savoir que cette technique nécessite des connaissances précises et ne peut réussir que par le procédé de la soudure à l'étain - une pratique apparemment inconnue à l'époque - ou en faisant fondre simultanément le bord de chaque métal avant de les "coller". Les Chimús perpétueront la tradition de combiner les deux métaux. Elle fera la célébrité de ses métallurgistes qui, après la conquête du royaume par les Incas, seront déportés au Cuzco où ils travailleront pour le Fils du Soleil.

367. VASE A DOUBLE GOULOT ET ANSE PONTEE

A.I. - Chicago 1955.2377
Fonds Buckingham
Terre cuite
Hauteur: 21,8 cm; largeur: 18,4 cm

Culture Lambayeque
Intermédiaire récent
1000 - 1200 p.C

368. VASE A DOUBLE GOULOT ET ANSE PONTEE

R.J.M. - Köln Collection Ludwig 41
Or
Hauteur: 20 cm

Culture Lambayeque
Intermédiaire récent
1000 - 1200 p.C.

Les deux pièces ont été intentionnellement réunies pour démontrer la similitude de production entre les vases en terre cuite et ceux en métal. Exception faite de quelques différences, liées à des exigences d'ordre technologique pour chacune des matières, il semblerait qu'un vase a imité l'autre. Or, nous avions déjà avancé l'hypothèse que la production par les potiers chimús de vases monochromes brillants répondait à un besoin d'imitation des beaux vases fabriqués en métal précieux. Cette hypothèse nous semble également valable dans le cas de la production Lambayeque.

369. COLLIER

M.B. - Lambayeque MB 127 (B)
Or
Hauteur des figurines: 6,5 à 7,5 cm

Culture Lambayeque
Intermédiaire récent
1000 - 1200 p.C.

Ce collier d'or est composé de neuf figurines identiques représentant la divinité à la coiffure en demi-lune. Chaque personnage a été confectionné séparément par martelage en deux parties qui étaient soudées par la suite. Les 21 perles sphériques ont été fabriquées selon le même procédé.

370. *TUMI*

M.R.A.H. - Bruxelles AAM 4958
Bronze
Hauteur: 16 cm; largeur: 17,2 cm

Culture inca
Horizon récent
1450 - 1533 p.C.

Le mot *tumi* a souvent été utilisé dans un sens beaucoup plus large que celui que lui attribuaient les Incas. En effet, en quechua, le *tumi* désigne le couteau à sacrifice. Sa lame en demi-lune est caractéristique et permet de le distinguer des autres outils de découpe.
La présence d'un lama au sommet du manche n'est pas fortuite; en effet, l'association lama-sacrifice correspond à un des principaux rites du calendrier inca, celui de l'Inti Raymi durant lequel un lama était exécuté et ses viscères analysées pour pratiquer la divination.

371. ENSEMBLE DE HUIT FIGURINES ANTHROPOMORPHES

M.A. - Madrid 8851 - 8827 - 8861 - 8859 - 8858 - 8836 - 8834 - 8855
Collection Juan Larrea
Turquoise
Hauteur: de 2,2 à 4,1 cm

Culture Huari
Horizon moyen
600 - 1000 p.C.

Les huit figurines représentent des personnages debout, les bras collés au corps. Les têtes semblent avoir fait l'objet de soins particuliers lors de l'exécution de chaque pièce. En outre, chaque personnage porte des vêtements aux dessins qui leur sont propres et les parures sont individualisées.
Ces huit pièces font partie d'un ensemble de quarante figurines qui furent découvertes disposées en cercle, à côté d'un clou de bronze et de quelques coquillages. Il s'agit d'une offrande rituelle qui fut déposée dans le sol d'un des édifices de Pikillacta.
Les particularités physionomiques de chaque personnage pourraient faire croire qu'il s'agit de portraits d'individus appartenant aux hautes sphères de la société Huari. (A.M.G.)

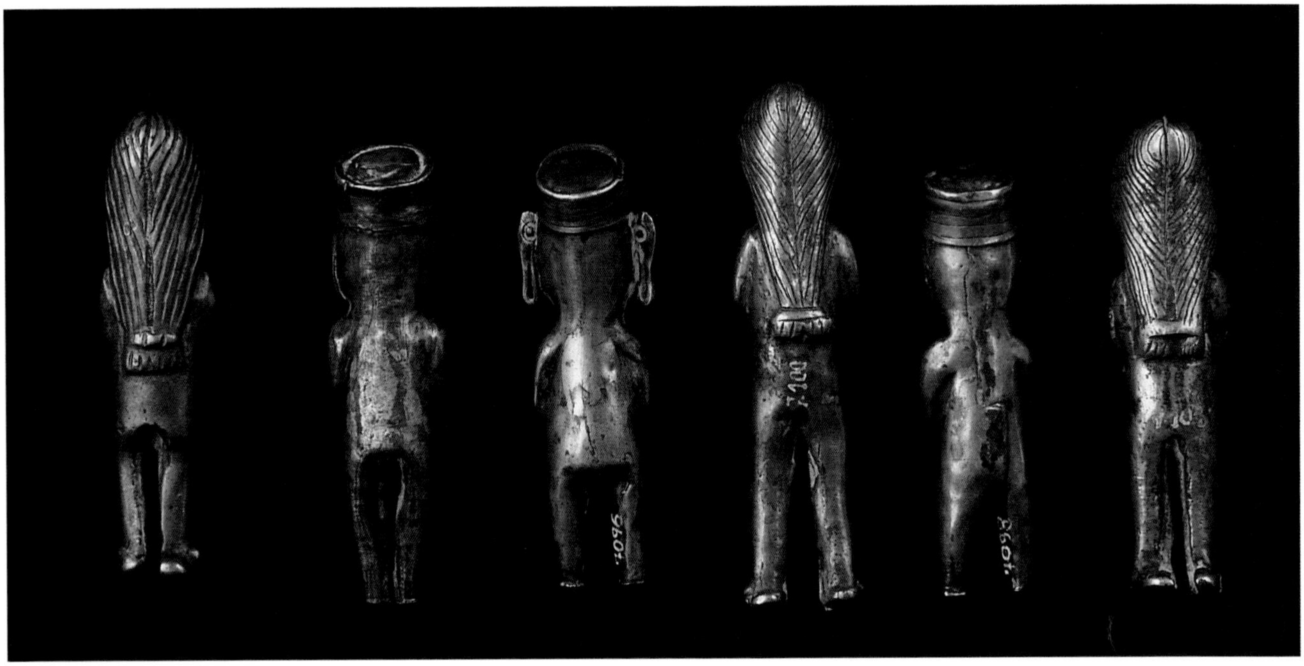

◁372. FIGURINE MASCULINE

M.A. - Madrid
Or

Culture inca
Horizon récent
1450 - 1533 p.C.

Il s'agit d'une figurine masculine, complètement dénudée à l'exception de la tête qui porte une coiffe.
Les lobules des oreilles sont distendus ce qui indique la noblesse du personnage puisque seuls les personnages importants - les *orejones* - avaient le droit de porter les lourdes parures d'oreilles.
Sur la joue gauche, un petit renflement indique que le personnage mâche de la coca.

◁373. FIGURINE FEMININE

M.A.U.N.S.A.A.C. - Cuzco 58/1755
Or
Hauteur: 5,5 cm; largeur: 1,4 cm

Culture inca
Horizon récent
1450 - 1533 p.C.
Provenant de la province de Paucartambo, secteur de Ccorihuayrachina (Cuzco)

La représentation est celle d'une femme nue dont les mains portées sur la poitrine soulignent les seins.
Les cheveux sont divisés en deux bandeaux et pendent librement sur le dos.

◁374. FIGURINE MASCULINE

M.A.U.N.S.A.A.C. - Cuzco 3586
Argent
Hauteur: 5,8 cm

Culture inca
Horizon récent
1450 - 1533 p.C.
Provenant de Coylloriti, province de Paucartambo (Cuzco)

Les caractéristiques physionomiques et "vestimentaires" sont identiques à celles de la figurine 373.

◁375. FIGURINES FEMININES

M.A. - Madrid
Argent

Culture inca
Horizon récent
1450 - 1533 p.C.

Les deux figurines de femmes, bien que de dimensions différentes, présentent des caractéristiques identiques; elles sont représentées dans la même attitude et leur chevelure est peignée de la même façon, c'est-à-dire en deux bandeaux pendant librement sur le dos. Les illustrations de Guaman Poma de Ayala nous montrent que ce type de coiffure féminine était celui de toutes les femmes incas, qu'elles soient de noble extraction ou paysannes. Seule la Colla, l'épouse de l'Inca, est parfois représentée la tête couverte d'une pièce de tissu. D'autres fois encore, la mante recouvre la tête.

376. ENSEMBLE DE SIX FIGURINES ANTHROPOMORPHES

M.A. - Madrid
Argent
Hauteur: de 5 à 7 cm

Culture inca
Horizon récent
1450 - 1533 p.C.

En réunissant de cette façon un groupe de figurines incas, il apparaît clairement que la production de ces objets était parfaitement contrôlée. En effet, peu de détails permettent de particulariser les individus représentés. Cependant, il ne faut pas oublier que des figurines trouvées lors de fouilles, notamment une œuvre découverte à Pachacamac et conservée au musée de ce site, sont en réalité habillées de vêtements en tissu et accompagnées de petites offrandes de plumes ou de céréales. C'est pourquoi certains auteurs ont identifié ces figurines aux *conopas* de pierre enterrées en bordure des champs.
Ceci nous porte à croire que ces images ne sont pas le reflet de la société péruvienne mais bien des représentations de personnages à caractère divin. Les techniques de fabrication sont également fort curieuses puisque l'on retrouve aussi bien des pièces massives que des pièces creuses. Les premières étaient probablement coulées, peut-être selon le procédé de la cire perdue, alors que les secondes devaient être martelées en pièces séparées puis assemblées par soudure. Il est possible que ces différences techniques correspondent à des artisans provenant des contrées conquises par les Incas et utilisant des technologies métallurgiques différentes.

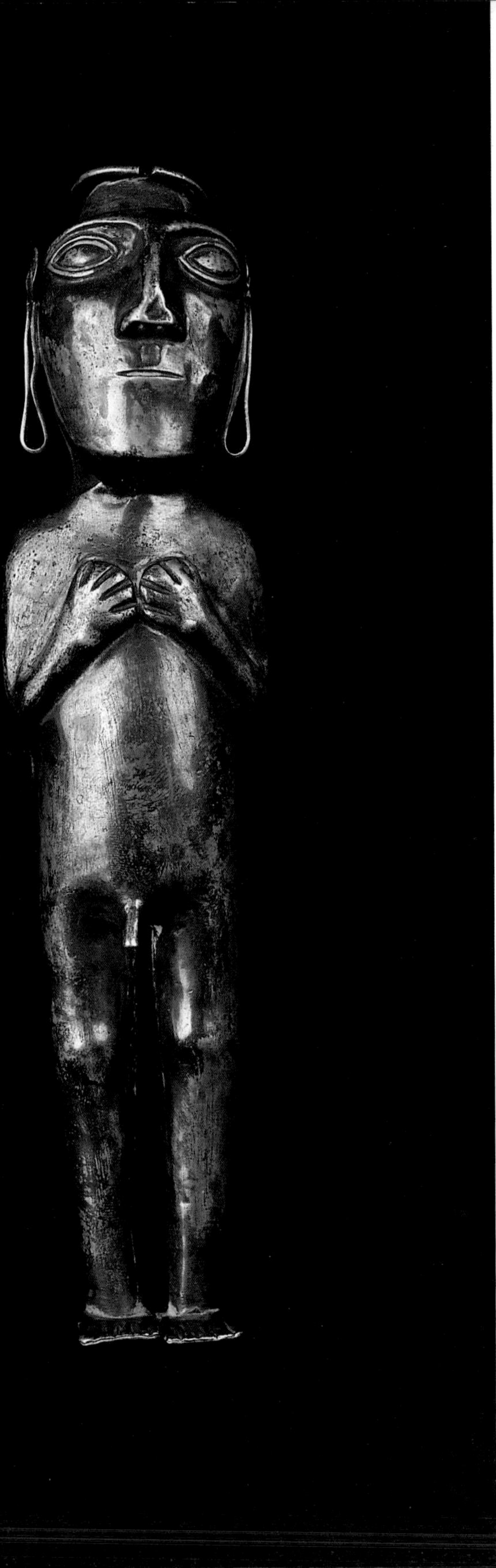

377. FIGURINE MASCULINE

M.A. - Madrid 7461
Collection Juan Larrea
Argent

Culture inca
Horizon récent
1450 - 1533 p.C.

La figurine masculine, exécutée en creux, est représentée en pied, les bras repliés sur la poitrine.
Les oreilles pendant le long du visage présentent des lobules largement troués.
Une petite boule sur la joue gauche signale que le personnage mastique des feuilles de coca. (P.C.C.)

378. FIGURINE MASCULINE

M.A. - Madrid 7498
Anciennes Collections Royales
Or
Hauteur: 16,4 cm; largeur: 3,8 cm

Culture inca
Horizon récent
1450 - 1533 p.C.

Ce personnage masculin, confectionné en creux, se tient débout, nu, les bras repliés sur la poitrine et le sexe apparent. Les oreilles perforées pendent sur le côté de la tête. Comme la figurine précédente, il mâche de la coca. La tête est couverte d'un bonnet tronconique, identique à celui porté par les autres personnages masculins.
Cette œuvre faisait partie des collections royales qui passèrent du palais Buen Retiro au Gabinete de Historia Natural en 1775. (P.C.C)

Illustrations

Toutes les illustrations ont été réalisées par Dirk Antrop pour Imschoot, uitgevers s.a., sauf les prises de vue mentionnées ci-dessous.

American Museum of Natural History,
New York (A.M.N.H. - New York): 229.

The Brooklyn Museum, Brooklyn,
New York (B.M. - Brooklyn): 022.

Burger Hillel: 031, 032, 059, 095, 103, 104, 148, 163, 165, 166, 175, 176, 194, 195, 215, 241, 333.

The Cleveland Art Museum,
Cleveland (C.A.M. - Cleveland): 184, 339.

Didoni Ursula: 012, 013, 014, 016, 106, 114, 207, 342, 349.

Hashimoto Robert: 056, 075, 082, 092, 243, 303, 330, 331, 367.

Merrett Brian: 029.

Mommaerts Raymond: 260, 272.

Museokova: 004, 033, 137, 138, 353.

Textile Museum, Washington D.C. (T.M. - Washington): 025.

University Museum, Manchester (U.M. - Manchester): 035.

Notices

Paz Cabello Carro (P.C.C.)
Ana Mendizabal (A.M.G.)
Sergio Purin pour les notices non précisées par les initiales précédentes.